INHALT

ALLEM ANFANG WOHNT KEIN ZAUBER INNE

♂ MANN OHNE GRILL TRIFFT ...

»Sven«, »Lars« und »Ölle«. So hießen sie, die Möbel in der heilen Mittelstandswelt Süddeutschlands, in der ich aufgewachsen bin. Einfamilienhaus, Wallfahrtskirche, jeden Sonntag Rinderroulade mit Knödeln. Die Orte um unser Dorf herum hatten so klangvolle Namen, wie »Oed«, »Au« oder schlicht »Wiese 1«. In der latent inzestuösen Enge meiner oberbayerischen Heimat war die Singlebörse Nr. 1 das Dorffest. Dating war hier unbekannt. Man traf sich auf dem Platz, trank Bier aus großen Krügen, und wenn man genug getrunken hatte, griff man nach der Banknachbarin und war dann ein Leben lang verheiratet.

In meiner neuen Heimat Berlin heißt das Dorffest *Zitty* und ist ein Stadtmagazin. »Der Michael« springt mir gleich ins Auge. Nein, ich suche nicht nach Männern. Und »Michael« ist auch kein Möbelstück aus dem Hause Ikea. Obwohl, vielleicht ja doch? Michael ist Toilettensklave. Als »Lebendtoilette Michael« bietet er alles an, was eine Toilette kann. Ja, *alles*. Kostenlos. »K.f.I.« – keine

7

finanziellen Interessen. Und wenn man auf die Nase drückt, spült er?

Dann gibt es da noch »Horst, 55 (aber jünger aussehend)«, der nach »einem Studenten (bis 30)« sucht, der ihn (gegen Taschengeld) ›gefühlvoll von hinten ...‹

Ich blättere um und freue mich zum ersten Mal, dass ich schon *über* 30 bin.

Erst jetzt erkenne ich, wo ich mich befinde. Die Rubrik nennt sich »Harte Welle«. Und ich wurde gerade unter ihr begraben. Ich wühle mich durch zwei Seiten Freaks und das, was man in meinem Dorf »pervers« nennt und hier, na ja, sagen wir »lebendige Szenekultur«. Ich nenne sie »F-D-P-Fraktion«: Freaks, Deppen, Perverse.

Heute Abend bin ich in der realen Welt eingeladen. Zur Grillparty bei einer Kollegin in Kreuzberg.

»Biste nich von hier, wa?«

Das ist auf dieser Party hier so der Standardspruch, wenn ich einen Satz sage, in dem ein »r« vorkommt. Das rolle ich scheinbar ein bisschen. Oder auch ein bisschen viel. Am schnellsten verrate ich mich, wenn jemand wissen will, was ich in Berlin mache. »Ich absolvierrrre gerrr-rade das jurrrristische RRRReferrrrendarrrriat«, so klingt das dann in Berliner Ohren.

»Biste nich von hier, wa?« – »Nee, bin ich nicht.«

Eigentlich sollte ich auf dieser Party ja eine Frau kennenlernen, aber die ist wohl noch nicht hier. Dabei ist es dringend mal wieder Zeit für eine Freundin, denke ich mit einem Glas Wodka Bull in der Hand und schaue in die Runde. Muss ja nicht gleich eine für immer sein. Bei den Juristinnen habe ich mich schon mal umgesehen. Aber die sind alle so furchtbar kompetent. Und *ein* Rechthabenwoller in der Familie reicht eigentlich.

Gleich mal vorweg: Der Dating-Crack bin ich nicht gerade. Beim Online-Dating bin ich ungefähr das, was Reiner Calmund in der 400-Meter-Staffel der Hürdenläufer ist. Irgendwas zwischen »the Biggest Loser« und »der Schwiegerschreck«. Eigentlich ist diese moderne Liebeswelt etwas ziemlich Armseliges, denke ich. Geht das nur mir so? Die Kreuzberger Altbauwohnung füllt sich langsam mit schönen Menschen …

»Komm, ich stelle sie dir vor«, reißt mich Kollegin Sarah mit dem »Ich-habe-alles-im-Griff«-Lächeln aus meinen Gedanken. Gott, Verkupplungen sind so scheiße, denke ich und klammere mich im Geiste an der Bar fest.

»Welche ist es denn?«, frage ich leise. »Die Blonde mit den großen Brüsten«, schnarrt mich jemand von der Seite an. Alle wissen Bescheid. Nur ich nicht. Na toll.

Dann sehe ich sie.

Ach, die Hunziker ist auch hier?, schießt es mir durch den Kopf. Groß, blond. In der Tat. Auf die Brüste zu starren schaffe ich leider nicht. Noch nicht. Die knallblauen Augen lenken zu sehr ab.

Die Hunziker heißt Alexandra, und sympathisch ist sie auch. Auf den ersten Blick vielleicht etwas zu sehr Schicki-Micki-Perlhuhn-Fraktion für meinen Geschmack. Typ: Hannoveraner Hochadel. Doch das rückt in den Hintergrund, als sie zu reden anfängt: von deutscher Geschichte, ihrer Arbeit als Redakteurin und von sich. Sie ist solo. Schon seit sechs Jahren. Das ist auffällig lang. Haltbarkeitsdauer überschritten?, frage ich mich. Für eine hübsche junge Frau ist das eigentlich kein Zustand.

Während ich mit ihr rede, geht es mir kurzzeitig wie Raj, dem indischen Austauschstudenten aus der Sitcom *The Big Bang Theory*. Sobald eine Frau vor ihm steht, be-

9

kommt er keinen Ton mehr heraus – außer, er säuft sich vorher mutig. Bei Alexandra müsste er sich ins Halbkoma getrunken haben. Immerhin, ein paar Worte schaffe ich noch.

»Sag mal, sechs Jahre ohne Freund, heißt das auch sechs Jahre ohne Sex?« – »Milosz!«, sagt sie und schiebt noch ein entrüstetes »Frechdachs« hinterher. »Und bei dir? Bist doch auch solo.« – »Hey, und mich darf man das fragen, ja?« – »Ja.« – »Ich lerne viele Frauen kennen, ja.« – »Ach.« – »Ja.« – »Na ja, unter euch Referendaren scheint das ja auch ganz gut zu funktionieren ... Wie ich hörte, hattest du gerade erst was mit einer Kollegin, die hier auch auf der Party ist«, sagt sie. – »Echt?«, frage ich, im Geiste Sarah erwürgend, »wer sagt denn so was?« – »Ist klar. Also jedenfalls käme so was bei mir nicht infrage«, sagt sie, »halbe Sachen sind nichts für mich – entweder ganz oder gar nicht.« – »Na, mit der Einstellung wird's aber auch nicht leichter, wieder jemanden zu finden«, sage ich. – »Den Richtigen findet man wahrscheinlich nur mit der richtigen Einstellung«, sagt sie. – »Und wenn ich dir jetzt einfach erzählen würde, ich sei auf der Suche nach der Frau fürs Leben?«, frage ich. – »Dann würde ich jetzt natürlich noch drauf reinfallen, Milosz.« – »Ja, stimmt, ich hätte es einfach tun sollen.« – »Nee, authentisch bleiben ist immer besser.«

Ja – und immer unwirksamer. Die hat doch keine Ahnung, denke ich und sauge am Wodka. Beziehungsweise sollte sie sich überhaupt erst mal selbst auf ein Date oder zumindest einen Flirt einlassen, bevor sie mich vollquatscht – laut Sarah ist sie da ja völlig, sagen wir, unbedarft. Oder sollte ich tatsächlich mit folgendem, authentischen Steckbrief auf die Suche nach der Frau fürs Leben gehen?

Mann mit Grill

Leben
Erst Kuhdorf mit 4000 Einwohnern im Chiemgau. Dann Dorf mit zwei Millionen (München). Jetzt: Berlin-Friedrichshain. Alter Ostbezirk. In einer Zeitung war mal folgende Beschreibung des Viertels zu lesen: eine interessante Mischung aus Touristen, Studenten und Drogenopfern.

Arbeit
Ein Jahr McDonald's Traunstein. Zwei Jahre Versicherungsvertreter. Jetzt Jura-Knecht, Möchtegernschriftsteller, Teilzeitrevoluzzer und Liebestheoretiker.

Liebe
Zwei oder drei »1 Jahr + x«-Beziehungen. Urlaubsflirts in Osteuropa (nein, nicht dafür bezahlt).

Frauen
sind toll. Aber eine allein und für immer? Dafür gibt es zu viele spannende Menschen in Berlin. Vielleicht später. Ich will erst mal »nette Bekanntschaften« machen. Krampfhaft nach der perfekten Frau suchen bringt sowieso nichts.

Bisherige Kennenlernorte
Bierbänke auf dem Dorffest. Bierbänke auf dem Oktoberfest. Bierbänke im Biergarten. Unter Bierbänken.

Größter Vermögensbesitz
Ein rostiger weißer Golf III mit 75 PS, der während der
Fahrt gerne ausgeht.

Weltanschauliche Überzeugungen
Bin der Albtraum-Mann von Alexandra.
Will die Idee der Erwerbsarbeit überwinden …
… und nebenbei die eigene bürgerliche Existenz (sowie
die Aussicht auf eine Erbschaft) durch das Schreiben von
Büchern zerstören.

Größte Lebenslüge
Na gut, der Golf ist auf Mama zugelassen.

Wie wohl der Steckbrief von Alexandra aussähe? Ich
werde mir ihre Suche nach »dem Richtigen« jedenfalls
nicht entgehen lassen – ihre Nummer hab ich mir schon
mal gesichert. Obwohl: Die lässt doch sowieso keinen an
sich ran …

Kann sich bitte einfach jemand auf mich drauflegen. Geht das. Nur kurz, nur nackt. Gut, am besten schon für länger. So ein paar Jahre, wenn's geht. Ach was, für immer. Nicht das mit dem Drauflegen jetzt, aber das mit dem da sein. Sechs Jahre ist es her, dass ich das erlebt habe. Zu intensiv, zu stark war die Liebe zu meinem ersten Freund. Und zu groß der Bruch, der dann kam. Seitdem: Arbeit, Familie, Freunde, Sport, Arbeit, Familie, Freunde, Sport ... Das ist schön, zweifellos. Aber eben nicht alles.

»Wo bleibt denn jetzt der Prinz mit seinem scheiß Gaul?«, steht auf einer Postkarte an meiner Badezimmertür. Die übrigens meine Mutter da hingeklebt hat. Klar, so ein Lord Langweilig würde sich vorzüglich zu Fürstenberg-Porzellan und Fliegergroßvater-Besuch an der Kaffeetafel der Eltern machen. Und weder Vater noch Bruder – Oberstarzt und Offiziersjurist der Reserve – müssten weiterhin mit der Dienst-Schrotflinte im Anschlag für Ordnung in meinem nicht vorhandenen Liebesleben sorgen.

Nachdem ich Milosz kennengelernt habe, weiß ich, dass ich was ändern muss. Nicht, weil er was für mich wäre. Nein. Dafür waren mir die Fragen zu doof und die Blicke zu selten im Gesicht. Und auf Sarahs »Linda-de-Mol«-Verkupplungsaktionen reagiere ich grundsätzlich allergisch. Aber vielleicht sollte ich mich doch einfach mal auf dieses ganze Daten einlassen, um jemanden zu finden. Milosz scheint das ja Spaß zu machen. Auch, wenn es nicht immer funktioniert – wie bei mir. Aber neugierig, wie er das so anstellt mit dem Daten, bin ich ja schon. Vielleicht sollte ich mich hin und wieder mit ihm treffen, ihn ausfragen? Reine Recherche natürlich, ist klar. Meine Nummer hat er ja jetzt, dann kann er sich ja melden. So ganz unsympathisch ist er ja auch nicht, der Milosz. Und er hat ja auch recht. Wird Zeit, dass ich mich mal wieder etwas öffne.

Ein Blick auf Finya.de – und ich entscheide mich gegen die Suche über Online-Portale. Ziemlich abartig, wie das da abläuft. »Stimmungsindikator«, Lieblingsmarken, Ranglisten der »attraktivsten Mitglieder«, Sofortsuche, »wenn's mal schnell gehen soll« und »MatchClick-Wörter«. Fehlen nur noch »So fotografiere ich mich am liebsten nackt«, Penisgröße und »MatchFick-Wörter«. Und das »Ein Klick = Hunderte Treffer« schreckt dann auch eher ab. Ich will keine 100 Treffer. Mir reicht einer.

Warum dann also nicht traditionell, so wie ich es mag, wie ich erzogen wurde – per Gesuch in einer Zeitung. Die gab es früher, die gibt es heute, das kann sich doch nur bewährt haben. Und ich gebe zu, neugierig, wer hinter diesen Texten steckt, war ich schon immer. Ich erinnere mich da an einen Schnipsel aus der Welt am Sonntag, den ich ein halbes Jahr mit mir herumgeschleppt habe. »Prinz möchte dich auf sein Gut in den Süden entführen« oder so ähnlich stand da geschrieben. So viel zu Lord Langweilig. Aber: Echte Prinzen gibt es nicht. Höchstens Foffis. Und nach Süddeutschland will ich auch nicht. Berlin ist die Stadt, in die ich mich verliebt habe. Fehlt nur noch jemand, mit dem ich sie einatmen kann.

14

Nur die Liebe zahlt

 *»Traummann in Spitzenposition, aus renommier-
ter Akademiker-Familie stammend, 38, 1,92 Meter.
Ein begehrter junger Mann ... beruflich international ausgerichtet, der gelernt hat, Verantwor-
tung zu übernehmen – in jeder Hinsicht. Seine
Interessen sind breit gefächert, er pflegt einen kultivierten Lebensstil, ist musikalisch, liebt Puccini
und Verdi, Wandern (bis zum Gipfel) ... mediter-
rane Küche, ein stilvolles Ambiente, Sonnenauf-
gänge und Sport ... tendiert eher zu einem guten
Buch als zur Disco. Sind Sie die stilvolle junge
›Lady‹, intelligent und begeisterungsfähig, mit ebenfalls gutem Background, dann sind Sie Ihrem Glück
jetzt ganz, ganz nahe.«*

Ganz nah, ja. Nur einen Afternoon Tea im Kempinski am
Ku'damm und 1500 Euro entfernt. Denn der »Traummann« hat seine Anzeige über eine internationale Ehe-
und Partnervermittlungsagentur schalten lassen. Über
eine der bekanntesten in Deutschland. In überregionalen
Qualitätszeitungen grinst einem die Chefin des Ladens
unter der Rubrik »Kennenlernen« mit glänzend dunkler
Mähne und strahlend weißen Beißerchen entgegen.

Ich schreibe ihr eine Mail, stelle mich vor. Einen Tag
später ruft sie an. Ob wir uns denn nicht mal in Ruhe
zusammensetzen wollen, sie würde mich gern kennenlernen, sagt sie. Ah ja, »kennenlernen«. Machen wir.
Und verabreden uns für den nächsten Sonntag im
Fünf-Sterne-Haus nahe Berlins historischem Prachtbou-
levard.

Als ich die Lobby betrete, sitzt die Chefin schon parat. Im beigen Kostüm mit passendem Perlenohrringbehang nippt sie am Wasserglas und begutachtet meine Ankunft über ihre schmale Brille hinweg. Wohlwollend, offenbar. Sie springt auf und begrüßt mich mit einem sahnigen »Wie schön, dass es geklappt hat« im Flötenton. Ich nehme im Ohrensessel neben ihr Platz. Nachdem die ersten Floskeln ausgetauscht sind, will sie mehr von mir wissen.

Und kaum beginne ich, dieser Fremden mein Innerstes auszubreiten, hat sie schon ihren Platin-Kuli gezückt und schreibt fleißig mit. Zwischendurch hebt sie immer wieder ihren Kopf und sagt Dinge wie: »Aber Sie sind doch bestimmt auch romantisch« oder »Und neben der Oper mögen Sie doch sicher auch Kunst, oder?!« Und noch während ich antworte, setzt sie fleißig ein Häkchen nach dem anderen auf ihr Papier. So entsteht innerhalb von vielleicht zehn Minuten ein Bild von mir, das sie als »Exposé« bezeichnet. Das kannte ich bislang zwar nur von der Wohnungssuche, aber gut.

Als wir schließlich mit der Datenerhebung durch sind, erklärt mir die Chefin, wen sie denn so alles »im Pool« habe. Da sei der Italiener aus Luzern, mit dem breitesten Lächeln, das sie je gesehen habe, der sei ja sehr wählerisch, aber ich würde ganz bestimmt in sein Raster passen. Und sie habe ja auch viele, viele Prominente unter ihren Kunden, ach, ich würde mich ja so gut im Rampenlicht machen, ein neuer Haarschnitt hier, ein bisschen mehr Schminke da … Und schon sei ich der geborene Celebrity. Sie habe auch nichts dagegen einzuwenden, wenn ich dann mal ihren Namen vor der Presse fallen lassen würde, so oft schaue sie in *Bunte* und Co. und ärgere sich, dass niemand wisse, wer Fußballer X mit Friseurin Y zusammengebracht habe.

Und falls das nichts für mich sei, ja, dann habe sie da auch noch den Professor aus München. Der sei zwar schon ein bisschen älter, aber geistig noch topfit. Und der wünsche sich eine unter 30-Jährige, so wie ich es sei, die könnte sich dann Kinder von ihm machen lassen. Und, na ja, was seien schon 30 Jahre Altersunterschied bei einem derart intelligenten Mann. Überhaupt, die ganzen Prominenten, die hätten sogenannte VIP-Verträge mit ihr und dürften die Exposés der neuen Frauen immer als Erste sehen. Ach ja, sie könne mir bestimmt einige interessante Männer vorstellen, ob mit Haus an der Côte d'Azur oder in den Schweizer Bergen, ja, ja. Und so flötet sie vor sich hin, während sie fast beiläufig ein weiteres Blatt Papier aus ihrer lammledergefütterten Ringbuchmappe zieht.

»Persönliche Vereinbarung« steht da drauf. Und: »Der Auftraggeber beauftragt das Institut, ihn bei der Wahl eines passenden Partners zu unterstützen.« Und unter Punkt sechs steht dann: »Für die oben genannten Tätigkeiten des Instituts zahlt der Auftraggeber ein einmaliges Honorar in Höhe von 3781,51 Euro. Plus Umsatzsteuer 718,49 Euro, Gesamtbetrag 4499,00 Euro.«

Ein Schnäppchen quasi. Als die Chefin der Agentur meinen durchaus irritierten Blick bemerkt, streicht sie augenblicklich die Zahlen auf dem Papier durch und sagt: »Ach, Sie sind ja so eine Süße, wissen Sie, ich mache Ihnen ein besonderes Angebot. Meinen ›Teenie-Vertrag‹.« Sie wolle nur sagenhafte 1500 Euro von mir. Das sei im Vergleich zu ihren VIP-Kunden, die bis zu 30000 Euro zahlen – oder auch zu dem Ehepaar aus dem Penthouse an der Alster, das gerade seine Tochter über sie vermitteln lassen wolle –, ja verschwindend wenig. Ich reagiere immer noch nicht. In Gedanken freue ich mich über meine Eltern. Die wollten mich noch nie prostituieren.

Ja, weiter könne sie jetzt aber wirklich nicht runtergehen, sagt die Agenturchefin, irgendwie müsse sie sich ja finanzieren. Als ich zaghaft nach dem »jungen Mann, der Puccini und Verdi liebt,« – wegen dem ich mich eigentlich gemeldet hatte – frage, sagt sie: »Ach, ja, der Marco, hm, ja, das ist ein toller Mann. Aber, hm, ja, den habe ich gerade erst vermittelt, also der ist raus.«

Ja, ich dann auch. Eine Woche später bekomme ich eine E-Mail. »Sehr geehrte Frau Kilian, gern würde ich zu Ihrem persönlichen Glück beitragen. Vielleicht kommen wir irgendwann doch noch zusammen. Herzliche Grüße.«

Guten Gewissens schaue ich nach »normalen« Männern.

Dem Feuerwehrmann?

 »Die Besten sind sowieso schon weg? Hier ist einer! Timo, 25/1,87 m, Feuerwehrmann, sportlich-muskulöse Figur, blaue Augen. Ihm fällt immer etwas ein, wenn das Auto nicht fährt, der Staubsauger kaputt ist ... Welche junge Frau bis 30 meldet sich?«

Ich melde mich. Obwohl der Text wirklich schrecklich klingt. Timo fällt immer etwas ein, wenn der Staubsauger kaputt ist? Ist ja widerlich. Wozu er mich dann braucht, frage ich mich. Egal. Uniformen sind scharf. Besonders die von Polizisten. Und Feuerwehrmännern. Also rufe ich an.

»Singlemarkt Berlin?«

»Äh, ja, ich wollte eigentlich Timo sprechen.«

Timo klingt nach 'ner 60-Jährigen – und heißt Marlies. Marlies Müller, eine Agentur namens Singlemarkt Berlin steckt dahinter. Und Marlies arbeitet offenbar für diese. Ich starte noch mal neu.

»Ja, also ich habe da Ihre Anzeige vom Timo gesehen – ob Sie vermitteln könnten?« – »Ja, wie alt sind Sie denn?« – »26.« – »Ja, und ledig?« – »Äh, ja, natürlich.« – »Na, ich war mit 26 schon geschieden!«, sagt Marlies. – »Ah ja, na ja, also ich bin noch nicht mal verheiratet.« – »Okay, also ich schaue nach, wo der Timo wohnt. Wo wohnen Sie?« – »In Charlottenburg.« – »Gut, ich rufe in zwei Minuten zurück.« – »Ja, danke, super, bis gleich«, sage ich noch. Singlemarkt-Marlies hat bereits aufgelegt.

Zwei Minuten später. Kein Anruf. Wär es nur 'ne Floskel gewesen, hätte sie von fünf Minuten gesprochen, oder? Was macht die gute Marlies denn jetzt? Die Anzeige suchen? Hat sie so viele geschaltet? Oder Timo vorwarnen? Ich weiß es nicht. Und warte. Sieben Minuten später, mein Handy klingelt. »Ja, so, ich hab nachgeschaut – und der Timo hat also noch keine Freundin.«

Ja, deswegen hatte ich ja angerufen.

»Okay«, sage ich. »Er ist Frischfleisch«, sagt die Frau vom Singlemarkt. Und lacht lauthals los. Witzig. Aha. Jedenfalls bietet sie mir an, sich den Timo doch mal anzuschauen und morgen bei ihr vorbeizukommen. Bei ihr? Ja, bei ihr, sie würde mir erst mal das Foto vom

Timo zeigen wollen, und dann könne sie vermitteln. Aha. Komisch. Eigentlich dachte ich, ich dürfte die ersten Schritte mit Timo selbst gehen. Aber gut, der ist scheinbar noch klein, »Frischfleisch«, wie sie ihn nannte ... Wir verabreden uns also für den nächsten Tag in ihrem Büro in Mitte.

Schon wieder komme ich nicht direkt an den Mann aus der Anzeige ran. Als Häppchen gibt die Marlies mir noch mit, dass der Timo ja richtig nett aussehe. Und dass er auf dem Foto einen Hund in den Armen halte.

Einen Hund. Ja, ich weiß, dass das eine richtig platte Masche ist – aber sie zieht. Ich liebe Hunde. Und freue mich auf morgen.

Es regnet in Strömen, als ich am nächsten Tag in der Nähe des Alex nach den Büroräumen der Partneragentur suche. Zwei Mal streiche ich um den Block, kann das Namensschild von Singlemarkt-Marlies nicht finden. Bis Miss Agentur mir plötzlich aus einem Hauseingang neben einem Schaufenster mit Versicherungs-Lamellenblenden entgegenkommt.

»Frau Kilian?« – »Ja, Frau Müller?« – »Ja, kommen Sie rein, kommen Sie rein«, sagt die Dame in Zitronengelb mit Lidschatten bis über die Augenbrauen und weist in Richtung des Lamellenblenden-Schaufensters. Direkt dahinter hat Frau Müller ihr Büro. Ein Computer älteren Modells steht auf ihrem Schreibtisch, ein Minifernseher mit Sat-Receiver weist auf eine kleine Couch.

»Ja, dann darf ich Ihnen erst mal erzählen, wie das bei uns läuft«, sagt Frau Müller und legt los. 6000 Singles habe sie in ihrer Kartei, gleich viele Frauen wie Männer – und da seien erstaunlich viele Menschen in meinem Alter dabei. Und besonders viele hübsche junge

Männer, ja, ja. Da müsse ich jetzt gar nicht so erstaunt gucken, die meisten seien eben sehr schüchtern oder beruflich so ausgelastet, dass ihnen die Zeit für die Suche fehle. Und ich solle mich doch nur mal in meinem Freundeskreis umschauen – meist seien nur die hässlichen Pummelchen in festen Händen. »Erdzwerge«, wie sie sie nennt. Ich überlege gerade, ob sie jetzt ernsthaft meine Freunde beleidigen wollte, da knallt mir Marlies auch schon das Foto von Timo auf den Tisch.

Und der sieht ja wirklich nett aus. Offener Blick, blonde kurze Haare, ein einfaches weißes Hemd, dunkle Jeans, schmaler blauer Schal und weiße Schuhe. Und im Arm: ein Dalmatiner.

»Ja, ich könnte Ihnen jetzt seine Nummer geben, aber wissen Sie, das ist hier ein Geben und Nehmen«, sagt Marlies Müller. Ich muss ans Kempinski denken. »Irgendwie muss ich ja auch mein Geld verdienen«, sagt sie – und legt eine Preisliste auf den Tisch. Je nach Mitgliedschaftsdauer wird gezahlt. Am günstigsten komme ich ab einer Zeit von 18 Monaten weg. Mit 77 Euro monatlich. Frau Müller schaut mich an. »Jetzt machen Sie sich mal keine Sorgen, Frau Kilian«, sagt sie, »ich mach Sie umsonst.« Ich muss verzweifelt aussehen. Na ja, das deutete Milosz ja auch schon an.

»Ach – und keine Sorge, ich inseriere Sie dann natürlich unter einem Pseudonym, Eva oder Doreen oder so«, sagt Frau Müller noch. Tja, jetzt stehe ich wohl auch in der Zeitung.

Dafür bekomme ich Timos Nummer.

Und eine SMS von Milosz. Was denn die Suche nach dem Traumprinzen mache? Sehr witzig. Ich halte ihn gern auf dem Laufenden, wenn er das möchte.

Vielleicht traue ich mich deshalb, Timo anzurufen. Soll Monsieur Matuschek ruhig sehen, dass ich das mit der Suche ernst meine. Schade nur, dass ich niemanden erreiche. Weder heute, noch morgen. Dafür rufen plötzlich Singles mich an.

Der Lagerist

»Hey, ich bin der Kim. Ich hab deine Nummer von der Frau Müller. Die sagt, du bist ganz frisch reingekommen und siehst klasse aus. Und wir haben jetzt zwei Möglichkeiten: eine langweilige und eine spannende. Entweder wir unterhalten uns jetzt stundenlang und quatschen über alles und jeden, um uns dann zu treffen und doof zu finden – oder wir treffen uns gleich und gucken, ob wir uns sympathisch finden.«

Okay. So fühlt sich das also an, wenn man als Frischfleisch angepriesen wird. Armer Timo. Also, Feuerwehrmann Timo. Ich lasse mir meinen Ekel nicht anmerken und sage Kim, dass ich das genauso sehe. Stimmt ja auch, wozu Zeit verschwenden. Obwohl ich schon noch gern wüsste, wie oft er so was jetzt schon gemacht hat. »Ja, seit 'nem halben Jahr bin ich dabei«, sagt Kim. »Und seitdem hole ich mir regelmäßig aus der Agentur neue Nummern, ist ganz praktisch.«

Ja, fast wie auf dem Basar, denke ich und frage, was er denn so macht, beziehungsweise woran ich ihn erkenne beim ersten Treffen. »Joa, ich bin 1,79 Meter groß, trage eine Brille, bin 35 Jahre alt, komme aus Pankow und arbeite im Transportbereich«, sagt Kim. Bei letzterer Beschreibung weiß ich jetzt zwar nicht, ob es gut oder schlecht wäre, ihn daran zu erkennen, aber ist ja auch egal, ich werde es schließlich sehen.

Wir verabreden uns am Gendarmenmarkt für nächsten Mittwoch, und Kim sagt noch, ich solle mich nicht erschrecken, er komme mit dem Motorrad. Ah ja. Mach ich nicht. Hoffe ich.

Einen Tag später. Das Telefon klingelt wieder – Kims Nummer blinkt auf. Er wolle noch mal meine Stimme hören, sagt er. Das klang gestern entschiedener, denke ich und sage ihm, dass das zwar nett sei, ich jedoch gerade auf der Arbeit und daher beschäftigt. Okay, okay, sagt Kim, es sei nur so, dass er gerade Urlaub habe und bei seinen Eltern in Leipzig sei. Von daher könne man ja doch mal in Ruhe sprechen jetzt. Ja, theoretisch schon, nur praktisch halt nicht. Ich sage ihm, dass wir das nun mal auf den Mittwoch verschieben müssen, da ich wie gesagt gerade leider nicht freihabe. »Hm, das finde ich ja schade jetzt«, sagt Kim. Und legt eine Kunstpause ein. »Kim, es tut mir leid, aber es passt gerade wirklich nicht«, sage ich und verdamme den Umstand, mir nicht ein zweites Handy für die Agentur angeschafft zu haben. »Ja, ist okay«, sagt Kim und klingt jetzt leicht säuerlich. Er wünscht mir noch einen guten Tag und legt auf. Hm, ob er wirklich kommt am Mittwoch?

Er kommt. Ich stehe etwas früher als verabredet vor Fassbender & Rausch am Gendarmenmarkt und halte Ausschau nach einem Brille tragenden 35-Jährigen. Ein potenzieller Kandidat steht schon dort. Dunkelhaarig, besagte Brille, mit einem Jutebeutel in der Hand. Und der schaut mich auch leicht irritiert suchend an. Ich bleibe stehen. Er auch. Er guckt weg. Und wieder hin. Und wieder weg. Dann geht er. Hm.

Das ist natürlich weniger schön. Ich schaue an mir runter und überlege, ob ich das jemals irgendwann irgendwem erzählen können werde. Wie peinlich. Der ist einfach gegangen! Hätte er das nicht dezenter verpacken können? Mich hinter dem 40-Kilo-Schokobären heimlich ausspähen und unbemerkt verschmähen können?

»Hey, bist du …?«, fragt da plötzlich jemand hinter mir – ich drehe mich erschrocken um. Und da ist er, der richtige Kim. Fast falle ich ihm um den Hals, das macht mich ja doch schon froh, dass er jetzt da ist und mich nicht zu doof zum Bleiben findet. Und auf den ersten Blick sieht er wirklich nett aus. Jeans, kariertes Hemd, einen schmalen Schal – das Metro-Männeraccessoire – um den Hals geschlungen, dazu warmer Blick und reine Haut. »Ja, die bin ich«, sage ich und strahle ihn an.

Und dann schaut er mich an und sagt doch ernsthaft: »Ja, siehst doch wirklich nett aus, so mit den blonden Haaren und so.« Willkommen zurück auf dem Basar. Hoffentlich erschreckt er sich nicht, wenn er merkt, dass seine Ware sprechen kann.

Wir setzen uns ins »Cadadia« und bestellen zwei Mal Cappuccino. Und Kim erschreckt sich nicht, dass ich sprechen kann. Im Gegenteil. Aufmerksam hört er mir zu, erzählt auch von sich, eine ziemlich perfekte Mischung. Mich irritiert zwar ein wenig, dass er seit gefühlten zehn Minuten nicht mehr geblinzelt hat, aber gut, kann ja nicht jeder trockene Augen haben. Und vielleicht sehe ich es hinter seiner leicht getönten Brille auch einfach nicht. Oder bin zu fasziniert von der Tatsache, dass er zur Beruhigung auch gern mal backt. Und dass er ein ordentlicher Mensch ist, wie er betont. Das habe er bei der Armee gelernt, sagt Kim. Ach. Freiwillig habe er bei

24

der Bundeswehr verlängert, sagt Kim – was meinem Vater gefallen dürfte –, es bis zum Stabsunteroffizier gebracht – was ihn wiederum zu Fragen über das Karriereaus veranlassen dürfte –, und jetzt arbeite er bei einem großen Möbelhersteller in Moabit. Ob man da besondere Augentropfen bekommt? Falls er seine Augen prinzipiell nicht schließt, ist das allerdings praktisch – dann kann er nachts backen.

Eine knappe Stunde sprechen Kim und ich – dann muss ich los zur Arbeit. Und denke gerade noch, wie schön es ist, dass ich zumindest das Warengefühl komplett losgeworden bin, als Kim mich zum Abschied fragt: »Und, was meinst du, passen wir zusammen?«

Ich schaue ihn irritiert an. Ob wir das nicht auf uns zukommen lassen wollen, frage ich ihn. Nee, er wolle schon wissen, ob es sich jetzt lohne, sich weiter mit mir zu treffen. Das koste ja auch alles Geld, und er wolle nicht länger Zeit verschwenden, schließlich müsse er auch noch Kinder machen. Ach, Kim. Ohne zu blinzeln, kannst du die Augen vor der Realität verschließen. Ich schaue ihn an. Und wieder weg. Und gehe.

Wie wäre es mit dem Fleischer?

 »Markus, 1,98 Meter, 32, Diplom-Mathematiker, sportlich-kluger Mann, sucht nach komplizierter Beziehung eine treue und dennoch charmant-verrückte Frau zum gemeinsamen Leben und Spaßhaben in Berlin.«

Mathematiker Markus schlägt das »Abgedreht« vor. Eine Bar am Frankfurter Tor, da sei er früher oft gewesen, die sei unkompliziert, wie er sagt. »Und eher alternativ«, schiebt er noch hinterher. Gut, als alternativ würde ich mich jetzt nicht unbedingt bezeichnen, aber als immer offen für neue Orte in Berlin schon. Und wie sich ein Mathematiker in einer Kneipe dieses Namens gibt, dürfte doch spannend werden. Also mache ich zwei Tage später von Kreuzberg nach Friedrichshain rüber und schaue mir auf dem Weg noch mal seine SMS an, die er am Nachmittag geschickt hat.

»Hallo Alexandra, ich freue mich schon auf heute Abend. Bin aber ziemlich aufgeregt. Du bestimmt auch?! Denke aber, es wird bestimmt ein schöner Abend. Bis später dann. LG Markus.«

Eine schöne Nachricht, geht mir ja ähnlich. Trotzdem frage ich Milosz, ob er mich in einer guten Stunde mal anrufen kann, als ich gegen neun Uhr abends den Verlag verlasse. Kann ja schlecht meinen Bruder fragen, ob er seine kleine Schwester aus den Fängen von Zwei-Meter-Markus telefonieren möchte. Als Milosz hört, wohin ich fahre, sagt er: »Ich rufe nicht an, ich stehe um elf vor der Tür. Und hole dich ab.« Das »Abgedreht« sei zwar in Ordnung, aber so ganz geheuer seien ihm die Gestalten, die sich dort mit Dosenbier vor der Dartwand drängeln, dann doch nicht. Hm. Nett von dem Milosz.

Um Viertel vor zehn erreiche ich die Bar. Es regnet, und ich bin zu spät, Markus scheint also schon drinnen zu sitzen. Kurz denke ich noch an unser Erkennungszeichen, ein Glas Weißwein, und freue mich, wie unfassbar schlau wir das gewählt haben, für so eine Bar. Und als ich die Tür zum »Abgedreht« öffne und mir Rammstein-

Drums und Imponiergegröle von Langhaarträgern entgegenschallen, bin ich erleichtert. Hier trinkt niemand Weißwein. Nur Markus. Und den erblicke ich sofort.

Mit besagtem Erkennungszeichen in der Hand sitzt er an einem der Vierertische vor der längs vor der Hinterwand verlaufenden Holztheke. Er trägt ein komplett schwarzes Outfit, aus den Ärmeln seines engen Shirts schlängeln sich Tattoos Richtung Tisch. Er lächelt nicht, als er mich in der Tür stehen sieht. Ganz ruhig, mit ernstem Gesichtsausdruck steht er auf und nickt mir auffordernd zu. Ich gehe auf ihn zu. Sportlich sieht er aus. Und die hellen, kurz geschorenen Haare gefallen mir. Über den großen Ohrring können wir ja noch reden.

Wir geben uns die Hand. »Entschuldige, ich bin etwas zu spät«, sage ich. »Kein Problem«, sagt Markus. Und setzt sich wieder. Und sagt erst mal nichts. Vielleicht ist es doch eins. Als ich ihn frage, wie er denn dazu komme, eine Anzeige bei Marlies zu schalten, senkt Markus seinen Blick ins Glas. Na ja, er habe vor einem halben Jahr mit seiner Freundin Schluss gemacht. Und das sei alles sehr schwer für ihn gewesen. Betrogen habe sie ihn. Und dabei habe er sie über alles geliebt. Ganz schön viel Information für die ersten zehn Minuten, denke ich. Markus schaut wieder hoch. Was für unglaublich liebe Augen er doch hat. Oder sind sie nur so unglaublich traurig? Erschrocken von seiner so offensichtlich verletzten Seele versuche ich, erst mal andere Themen anzusprechen.

Was er denn so mache und woher er komme? Wieder starrt Markus in sein Glas. »Ich komme aus Sachsen, aber inzwischen bin ich absoluter Friedrichshainer«, sagt er. Na, das ist doch spannend, Friedrichshain habe sich ja so verändert in der letzten Zeit, sage ich. »Weiß ich nicht«, sagt Markus, »ich bin weggezogen.« »Ja, aber warum denn und wohin?«, frage ich. »Nach Lichtenberg«, sagt Markus. »Weg von ihr.«

Oh Gott. Das ist ja schlimm mit dem Markus. Reden wir doch mal über seinen Beruf. »Was machst du denn so als Diplom-Mathematiker?« »Ich bin Gutachter bei einer Versicherung.« Hm. »Und wolltest du das schon immer werden?«, frage ich. »Nein. Eigentlich bin ich Fleischer«, sagt Markus. Ach. Na, da haben wir doch ein Thema, was ihn garantiert nicht an seine Exfreundin erinnern dürfte.

Mindestens 20 Minuten lang reden wir nun also über das perfekte Stück Fleisch. Wie man es erkennt, wie man es verarbeitet und aufbewahrt und natürlich: Wie man es am besten brät. Ich freue mich, wie redselig Markus plötzlich ist, und überlege, ob ich mir nicht doch noch schnell ein »Lammsteak à la Abgedreht« bestellen soll, als ich sehe, dass es schon kurz vor elf ist. »Du, Markus, entschuldige, aber ich muss gleich los«, sage ich zu ihm und verdamme mich, als er augenblicklich wieder in sein Weinglas zu starren beginnt. »Aber hey, lass uns doch mal was Verrücktes zusammen unternehmen!«, schlage ich ihm vor. »Was wolltest du denn schon immer mal in Berlin machen?« »Ja, na ja, es gibt da diese Unterwelten-Touren, das muss ich unbedingt noch sehen«, sagt Markus. »Du meinst diese Touren durch verlassene U-Bahnhöfe und ehemalige Bunker und so? Das wollte ich auch schon immer mal machen«, sage ich und freue mich tierisch, dass er dazu Lust hat. »Ja, aber ich weiß nicht, ob das so eine gute Idee ist, mit dir«, sagt Markus.

Das war jetzt aber nicht nett von Markus. Ob er mir das nicht zutrauen würde, will ich ziemlich entrüstet von ihm wissen. »Nein, also doch, aber ich weiß nicht, ob wir uns wiedersehen sollten«, sagt Markus. »Du siehst meiner Ex einfach zu ähnlich.«

Dann muss es der Küchenchef sein

 »Kevin, 28, sportlich, gepflegt, klug. Bin 1,78 cm groß, wiege 83 kg und arbeite zurzeit als Küchenchef in Schöneberg. Wenn du Lust hast, mehr zu erfahren, melde dich – ich beiße nicht ☺«

Nein, er beißt nicht. Aber nur, weil er auf Bewährung ist. Was in seiner Anzeige noch so vielversprechend klingt, vernichtet Kevin knallhart bei unserem ersten Treffen. Dabei hatte ich doch so von einem Koch geträumt, mich schon in der Rolle der Tochter des Paten gesehen, wie sie mit Andy Garcia im Rücken lustvoll Gnocchi dreht. Irgendwann hätten wir dann zusammen unser erstes eigenes Restaurant eröffnet und die Sternewelt Berlins auf den Kopf gestellt, unsere Söhne hätten in der Küche mit angepackt und unsere Töchter kleine Kochmützchen gestrickt, hach, zu schön wäre das gewesen. Wäre da nicht dieses kleine Detail, von dem Kevin mir nach einer guten Stunde im »Hannibal« in Kreuzberg, einer Cocktailbar mit minder gutem Essen, erzählt.

»Ja, gut, ich hab mal gesessen«, sagt Kevin.

Ja, damit meint er das Gefängnis. Dabei hatte ich gar nicht danach gefragt. Da kommt man ja auch nicht so schnell drauf. Aber Kevin erzählt sowieso gern von sich. Während ich nach dieser einen Stunde von ihm schon alles zu wissen scheine – Vater vor der Geburt abgehauen, stand plötzlich an seinem 18. Geburtstag vor der Tür, lebt in Hellersdorf, ist in Burg geboren, seine Mutter hat elf Geschwister, die Realschule hat er abgebrochen, zwei Schwestern, er liest bevorzugt Krimis, nach der Arbeit legt Kevin zu Hause gern die »Beene hoch« und für seine Oma hat er letztens eine Geburtstagstorte gebacken, mit einer Biskuit-Eisenbahn drauf, weil die damit so gern spiele –, weiß er von mir gerade mal, dass die gute Frau Müller vom Singlemarkt mich als »Hannah, junges Mädchen, hübsch, sucht unkomplizierten jungen Mann, möchte wieder Schmetterlinge im Bauch« angepriesen hat. Das steht in dem Anzeigentext, den sie ihm von mir im Tausch gegen seinen zugeschickt hat. Na ja – und dass ich eben nicht »Hannah« heiße.

»Der Typ wollte meine Schwester anpacken«, sagt Kevin, als wir auf seinen Knastaufenthalt zurückkommen. »Und da bin ich ausgetickt. Ich hab mir den gepackt, den Typ, ist doch klar.« Wie schön, dass um uns rum noch Leute sitzen, denke ich. »War 'ne schlimme Zeit in meiner Jugend«, sagt Kevin. »Habe geklaut, geraucht, geprügelt. Verknackt wurde ich dann wegen schwerer Körperverletzung. Aber ich habe mich gebessert.« Er grinst. Die Ausbildung zum Koch habe er als Chance begriffen, und mittlerweile habe er sich bis zum Küchenchef hochgearbeitet.

Während Kevin so von seiner Karriere erzählt, überlege ich, ob man das hätte ahnen können. Wie ein typischer Schläger sieht er nicht aus. Mittelgroß, schmächtig, dunkelblonde Haare, unauffällig. Vielleicht ist er einer der Armen, den die Lehrer aufgrund seines Namens gemobbt haben? Laut einer Studie der Uni Oldenburg benachteiligen die Grundschullehrer Deutschlands alle

Kevins, Chantals, Mandys und Justins. Das ist natürlich nicht nett. Ich versuche, seinen Teufelskreis zu durchbrechen. Bin bereit, ihn wiederzusehen, mit ihm über seine schlimme Vergangenheit zu reden. Eigentlich sieht er doch ganz lieb aus.

Das teste ich doch noch mal. Ich frage ihn, ob er sich denn manchmal für seine Tat schäme oder ob er es gern ungeschehen machen würde. »Ne, der wollte damals meine Schwester anpacken, hab ich doch gesagt«, sagt Kevin. Hm. Ob er denn heute wisse, wie es dem Mann inzwischen geht? »Keine Ahnung«, sagt Kevin. »Aber wenn ich ihn noch mal treffe, haue ich ihn richtig kaputt.«

Nach dieser Ansage bin ich froh, das »Hannibal« verlassen und nach Hause fahren zu können. Am nächsten Tag schreibt Kevin mir eine SMS: »Hallo Alexandra, wollte mich für diesen netten Abend noch mal bedanken, auch wenn ich dich kaum zu Wort kommen lassen hab. Aber dies ist ein Grund mehr, dich wiederzusehen, um auch mehr von dir zu erfahren. Würde mich freuen, wenn du mich Samstag im Restaurant besuchen magst, meld dich einfach, wenn du Zeit hast.« Ich melde mich nicht.

»Hallo Alexandra, hoffe, ich habe dich gestern nicht mit meinem Gerede vergrault?«, fragt Kevin eine halbe Stunde später nach.

Und wieder eine halbe Stunde später: »Wollte fragen, ob du noch immer Lust hast, am Samstag vorbeizukommen?«

Ich schreibe ihm, dass ich das für keine gute Idee halte. Und dass ich ihm alles Gute wünsche. Kevin schreibt weiter. Dass es doch nett sei, wenn ich kommen würde. Ob ich denn die Adresse hätte. Oder auch: »Wollte mal fragen, wann du mal frei hast? Würde dich gerne mal wohin entführen …« Ich schreibe Kevin noch einmal. Dass ich es für keine gute Idee halte und ihm alles Gute wünsche. Eine ganze Woche lang schickt er mir weiterhin Nachrichten. Insgesamt über 50. Dann kommt die letzte.

»Hey, könntest du mir bitte mal die Nummer von der Frau Müller vom Singlemarkt schicken, wäre wichtig, und ich hab die Visitenkarte vergessen.«

Kevin sucht wieder. Ob ich ihn lieber der Polizei melden sollte?

♂ DER TRAGÖDIE ERSTER TEIL

Ich finde ja, dass Kontaktanzeigen eher was für die Oma-Generation sind. Aber wenn Alexandra dadurch so leicht an heiße Metzger und Lageristen rankommt, dann versuche ich das auch mal. Bis sie mir das bei einem Kaffee verraten hat, ließ sie mich übrigens sechs Wochen warten. Ganz schön gemein, das Fräulein Hannover.

Wird höchste Zeit, dass ich mal richtig loslege. Alexandra springt immerhin schon über ihren großbürgerlichen Schatten und datet.

Und ich? Ich bin immer noch der König der Singles von der Dorf-Bushaltestelle. Dabei kenne ich mich mit Kontaktanbahnung doch aus. Zumindest mit der professionellen Tour. Als ich 19 war, kam ich auf die verquere Idee, mich in meinen Konfirmandenanzug zu zwängen, den Motor meines Audi 80 anzuwerfen und im bayerischen Hinterland Versicherungen an der Wohnungstür zu verkaufen. Eigentlich arbeitet man in dieser

Drücker-Branche auf »Empfehlung«. Da mich halbwüchsige Presswurst in Nadelstreifen aber niemand weiterempfahl, griff ich gerne mal zu dem »großen gelben Empfehlungsbuch«. Genau, das mit den vielen Nummern und Namen.

»Hallo, hier ist Milosz Matuschek, kann ich mit Steffi Bierbichler sprechen?« – »Die ist nicht zu Hause.« – »Hm, sind Sie der Vater?« – »Nein, ich bin die Oma.« – »Oh, Entschuldigung, na, dann rufe ich später noch mal an.«

Reich wurde ich mit diesem Job nicht. Und mit Steffi Bierbichler wurde es auch nichts. Aber immerhin habe ich in vielen Wohnzimmern gesessen, Käsekuchen gegessen und etwas über die Fortpflanzung von Kühen gelernt.

Mein Eindruck, wenn ich im Stadtmagazin blättere: Gibt es hier denn eigentlich gar keine Frauen? Ich finde irgendwie nur Männer, und meistens auch noch solche, die sich für Toiletten halten. In der normalen Sparte »Sie sucht ihn« werde ich fündig. Wobei »normal« ein dehnbarer Begriff ist:

 »Wirke, Heiliger Geist! Gläubige Katholikin (43) mit Kind (5) sucht gläubigen Katholiken, wenngottwill@xyz.de«

Zwischen pervers und katholisch finde ich erst mal nichts. Wobei: Liegt ja beides auch manchmal nah beieinander …

Ich schreibe ihr als »Suchender« (nicht als Katholik) und ob man sich nicht mal treffen wolle. Aus dem Verein Kirche bin ich nämlich inzwischen ausgetreten. Und ich will nicht gleich in der ersten Mail lügen. Polnische Herkunft und Messdienerkarriere in Oberbayern sollten genügen, um bei Bedarf glaubhaft den Katholiken spielen zu können. Wenn, ja wenn der Heilige Geist denn mal wirken wollte.

Wir schreiben uns zwei Monate lang E-Mails. Vereinbaren Treffen. Verschieben sie wieder. Die Wege des Herrn sind ja manchmal unergründlich. Vielleicht ist das eine dieser alttestamentarischen Prüfungen, durch die bewiesen werden soll, wie stark der Glaube tatsächlich ist? Es vergehen vier Monate. Der Heilige Geist wirkt immer noch nicht. Langsam glaube ich eher, dass ein Kamel durch ein Nadelöhr kriecht, als dass ich meine Katholikin endlich treffe. Nach sechs Monaten wünsche ich mir, dass Moses mit neuen Gesetzestafeln vom Berg Sinai herabsteigt und ihr Folgendes übermittelt:

Erstes Gebot: Du sollst den Mann, der dir so nett schreibt, auch mal treffen.

Zweites Gebot: Nach mehr als zehn Mails ohne Treffen drohen Exodus und Apokalypse gleichzeitig!

Mal ehrlich, Fräulein Kilian. Kontaktanzeigen sind für 'n Arsch.

Bis der Heilige Geist wirkt, versuche ich mein Glück bei irdischeren Exemplaren.

 »Keine Zeit für Beziehung 39, 1,68, schl., kurzhaarig, witzig, sportl., su. klugen, unterhaltsamen m, bin wirkl. busy und su. deshalb gerade keine Beziehung, aber eine Affäre (keine ONS) mit einem linksradikalen M., nur Singles, BmB, Schreib an: mammutvonlinks@xyz.com«

Für das, was das »Mammut von links« sucht, wäre sie zu Jesu Zeiten zwar gesteinigt worden, aber ich war glücklicherweise noch nie auf der Seite der Pharisäer und Schriftgelehrten. Ich schreibe ihr eine Mail mit dem Betreff »Grizzly von rechts!« und komme mir ziemlich witzig dabei vor. Zugegeben: Ob ich einen guten Che Guevara abgebe, weiß ich nicht. In meinem Schrank verstaubt aus Münchner Zeiten noch ein rosa Polohemd. Dieses kann man in Berlin höchstens zur Faschingszeit anziehen. Sie schreibt trotzdem zurück. Im Betreff ihrer Mail lese ich statt »Re:« oder »Hi«: »Gleiche Einkommensverhältnisse für alle!«

Hm. Es mag ja Leute geben, auf die so ein Satz ordentlich erotisierend wirkt. Vor allem in Berlin. Mich bringt er ins Grübeln. Ist das ein Codewort, so wie »BmB« (Bitte mit Bild) oder »ONS« (One Night Stand)? Ich bin ja grundsätzlich schon sehr für Gerechtigkeit und auch dafür, dass beim Sex jeder »auf seine Kosten« kommt. Daher antworte ich: »Bin auch sehr für gleiche Einkommensverhältnisse!« Es wirkt. Wir verabreden uns ziemlich schnell auf ein »Heißgetränk«, um uns näher zu »beschnuppern«, wie sie schreibt. Doch das Mammut hat offenbar weder für eine Beziehung Zeit noch für ein Date. Ich werde versetzt. Ob sie in der Zwischenzeit die Weltrevolution plante, Häuser besetzte oder Autos anzündete, erfahre ich nie.

Mit dem *Zitty*-Milieu werde ich nicht wirklich warm. Ich versuche es auf einer großen Online-Plattform. Wen ich suche? Nach drei gescheiterten Beziehungen erst mal »was für untenrum«. Aber bitte mit geistigem Niveau. Eine, die mir geistig Paroli bietet und auch ein bisschen durchgeknallt ist. Ich glaube nicht, dass man die große Liebe findet, wenn man gezielt nach ihr sucht. Im In-

35

ternet nenne ich mich wie der Teufel aus *Faust I*, »Mephisto80«. Das klingt so schön diabolisch und geheimnisvoll und täuscht klassische Bildung vor.

Den Rest sollen meine Antworten auf ein paar der »100 Fragen« besorgen: »Ja, Treue ist wichtig, Liebe auf den ersten Blick gibt es, und ich würde meiner Herzallerliebsten auch mal aus einem Buch vorlesen«, schreibe ich. Wer denkt sich nur solche tiefenpsychologischen Fragen aus wie »Was ist gutes Essen?« oder »Wann ist ein Mann gepflegt?«.

So, gucken wir uns mal ein bisschen um hier. Auf einem Online-Dating-Portal muss man es sich im Grunde vorstellen wie in einem Büro. Da findet man:

Die Locher

Es gibt Frauen im Internet, die wollen am liebsten alles von einem wissen, von der Unterhosengröße bis zur Intimrasur. Sie löchern einen dauernd mit Fragen. Und das sind nicht unbedingt die dringlichsten. »Warum sprichst du polnisch und wohnst in Deutschland?« – »Es nennt sich Umzug, weißt du.«

»Miss Beauty28« aus Hamburg ist meine erste Locherin. Auf dem Foto, das sie mir schickt, sehe ich eine persische Schönheit mit Zahnpastalächeln und pechschwarzer Mähne wie eine Araberstute. Ich bin sofort »verliebt«. Dass sie Personalchefin ist, überlese ich irgendwie.

Das stellt sich als großer Fehler heraus. Bei unserem »Telefoninterview« werde ich auf Herz und Nieren geprüft, wie ein Lämmchen auf einem arabischen Basar. Aus der anfänglich begeisterten Scheherezade (»wirkst

36

spannend, kennenlernen??«) wird eine kleine Rating-agentur. »Wo siehst du dich in zehn Jahren?« – »Weiß nicht so recht, ich lebe im Hier und Jetzt.« – »Hmm, das gibt jetzt aber einen kleinen Minuspunkt, hihi.«

Ich komme erst mal auf ein solides »AA+«, schätze ich. Nach der Karrierefrage (»Und, willst du mal als Jurist arbeiten?«) bin ich bei »BB–«.

»Das gibt jetzt leider wieder einen Minuspunkt«.

Diesmal schon ohne »hihi«.

Sie meint es wirklich ernst. Als wir meine Moral-vorstellungen erörtern, bin ich eine griechische Staatsan-leihe: Ramschniveau und Kandidat für die »geordnete Insolvenz«. Dabei hatte ich ihr nur die berechtigte und sich irgendwie aufdrängende Frage gestellt, ob sie auch im Bett Haltungsnoten verteilt.

Die Tacker

Die Tacker-Frauen wollen sofort die totale Verbindlich-keit. Das läuft in etwa so: Man schreibt sich zwei Mails und schuldet sich dann ein Leben lang Treue. Früher nannte man das übrigens Ehe.

Ganz schlecht ist es aus Sicht der Tacker-Frauen, wenn man der Liebsten am nächsten Morgen nicht gleich den virtuellen Kaffee ans Bett bringt und sie fragt, wie sie geschlafen hat. Dann bekommt man ein »Na, kennst du mich etwa nicht mehr?« inklusive Heul-Smiley als gelbe Karte ins Mailfach gelegt. Ignoriert man die Klette mehr als zwei Mal, kann es sein, dass der ganze Korb mit weib-lichen Vorwürfen über einem ausgeschüttet wird. Das klingt dann so:

»Symphonie9«, 27, Berlin: »Sag mal, gefalle ich dir kein bisschen? Bist du null neugierig? Oder meinst du es hier wie fast alle nicht ernst, spielst einfach nur :(oh man, es scheint keinen Mann in meinem Alter mehr zu geben, der mir gefällt und noch nicht vergeben ist.«

Nur, um zwei Stunden später noch nachzulegen:

»Du bist sehr kühl, verdammt, dass so ein Verhalten fasziniert.«

Die Post-its

Die »Post-it-Frauen« sind wie die gelben quadratischen Büropapierchen. Sie sind ziemlich auffällig, nervig und kleben etwas. Sie glauben, jedes Profil mindestens einmal grüßen zu müssen, wie die Stewardess an der Flugzeugtür.

»Willkommen hier, na, haste schon wen kennengelernt?«, ist so das Standard-Begrüßungs-Post-it. Es wird besonders gerne von Verwaltungsfachangestellten des Bürgeramts Pankow am Montag zur Knoppers-Pause per Copy & Paste an die Plattformneulinge verschickt.

Post-it-Frauen werden leider notorisch übersehen. So wie die Zettel, auf denen »Putz das Klo« steht oder »Finger weg von meinem Jogurt, Angelika!«. Deshalb muss sich die Post-it-Frau immer wieder in Erinnerung bringen und am besten täglich grüßen, wie das Murmeltier. Klickt man nichtsahnend ihr Profil an, bekommt man schnell einen Zettel mit »Schade, dass du nur geguckt hast« oder »Suchst du was auf meinem Profil?« auf den Rücken geklebt. Beliebt ist auch »Wollte mal 'nen Gruß dalassen«. So mancher hat bestimmt schon eine Lagerhalle voller Grüße von allen Sabines, Gabys und Brittas der Republik. Besonders notorisch bei mir ist Frau »BerlinerKindl44«. Mehr zu ihr später.

Die Mülleimer

Halt, das bin ich! Mülleimer ist ganz klar meine Funktion. Ich schlucke sogar Bio- und Sondermüll und alles, was unter das Jugendschutzgesetz fällt. Ich weiß auch nicht, woran es liegt. Ist mein Foto zu lieb? Trage ich auf irgendeinem Foto orangene Latzhosen wie die Berliner Stadtreinigung? Irgendwie wecke ich den Impuls in manchen Frauen, mir ihr Herz auszuschütten.

So wie bei »Frau_Kock« (Schreibt man das nicht mit »c«? Egal). Sie ist 19, Schülerin, wohnt in einer Kleinstadt im hohen Norden und trägt gerne Leggins auf den Fotos, wie Peggy Bundy. Das ist äußerst praktisch, denn Hosen sind ab 120 Kilogramm schwer zu finden. Sie hat Brüste wie Melonen nach einem Atomunfall und auch keine Scheu, sie dem Betrachter auf jedem Bild um die Ohren zu schlagen. Auf einem Foto trägt sie ein Stirnband. Oder ist da das Magenband hoch ins Großhirn gerutscht?

Leider liest sie Profile. Irgendwo muss ich den verheerenden Satz geschrieben haben, dass ich mir irgend wann – in ferner Zukunft, vielleicht im Opa-Alter, wenn ich neben Skat spielen Zeit haben sollte usw. – *mal Kinder vorstellen könnte*. Seitdem bin ich der Samenspender ihrer Wahl.

»Hallo, schöner Mann«, steht in ihrer ersten Mail. Fünf Minuten später folgt die zweite: »Du schreibst, dass du Kinder willst! Ich auch! Wenn es so weit ist, werde ich weinen vor Freude.« Ich bin überzeugt, das wird eine ganz schrecklich nette Familie.

Beliebt sind auch Beschwerden über Männer. Ich Mülleimer verwandele mich dann wahlweise auch in einen Kummerkasten.

S., 29, aus Hamburg, ist offenbar ein Magnet für primitive Männer-Mails. Sie hat sogar ein Blog darüber gestartet. Kostprobe?

 Er (24): »Dein titten im dritten bild ist zum verschmelzen ...«
Sie: »Ja, ich glaub, deine Gehirnzellen sind da auch 'n bissel verschmolzen.«

Es geht noch poetischer:

 Er (31): »Fuck, dein Blick versenkt mich! ;-)«
Sie: »Das tut mir leid.«
Er: »Hey S., ich suche jemanden, der mir gerne zuschaut, hast du nicht Lust? :-P. Lieben Gruss, Samuel.«
Sie: »Was genau an der Formulierung in meinem Profil ›sucht Mann für feste Beziehung‹ hast du nicht verstanden?«

Offenbar gibt es Männer auf Online-Kontaktbörsen, die es auf der niedrigsten Stufe der Kontaktanbahnung versuchen. Und damit sind nicht die Millionen »Hi-Sager« oder »Smiley-Sender« gemeint. Ich meine ganz konkret: die »Bukkake-Bande«. Über diese klagt E. (23) aus Offenbach. Sie werde ständig von einem Kerl angeschrieben, der sie zu einer »Bukkake-Party« bei sich einladen will.

Toll, dass es so was jetzt auch schon in Offenbach gibt, denke ich. Aber warum muss das in 50 Mails mir erzählt werden?

Eine Woche später fragt mich F. (24) aus Berlin: »Wat is 'n Bukkake?« – Ah, die Offenbacher Bande hat ihre Tätigkeit nun auch schon auf die Hauptstadt ausgedehnt, denke ich. »Guck mal bei YouPorn nach! :)«

Okay, meinetwegen. Ich erkläre es ihr.

Kurzes Dating-ABC. Heute: »B« wie Bukkake
  Bu|kka|ke, *n, das, Substantiv; japanisches Fest der Fruchtbarkeit.*

  ~ ist ein Ritual, bei dem eine Frau mehreren Männern gleichzeitig den Hahn zur Quelle allen Lebens aufdreht. Danach sieht sie leider so aus, als wäre sie mit dem Gesicht in eine Sahnetorte gefallen.

F. (24) antwortet leider nicht mehr. Habe ich was Falsches gesagt? Was hat sie denn gegen Sahnetorte? Vielleicht hat sie doch bei YouPorn nachgesehen.

Von Marcel Reich-Ranicki stammt der denkwürdige Satz: »Man kann nicht mit jeder Frau auf der Welt schlafen.«

Das ist, wie alles, was der Literaturpapst sagt, von bestechender Logik, wenn auch tragisch. Aber der Satz geht ja noch weiter: »Das heißt aber noch lange nicht, dass man es nicht wenigstens versuchen sollte!«

Im Internet sind scheinbar alle Männer damit beschäftigt, dieses Ziel zu erreichen. Das erzählen mir zumindest die Frauen. Alle außer mir. Das müssen wir ändern. Ich starte eine Aktion.

Auf Discovery Channel habe ich mal eine Reportage gesehen. Fragt man 100 wahllos ausgesuchte Frauen, ob sie spontan Lust hätten, mit einem Mann zu schlafen, sagen circa zwei Prozent: »Ja.« Also ungefähr zwei von 100. (Bei Tests mit Männern sagt ungefähr die gleiche Anzahl »Nein«.) Zwei Prozent klingt nach einer schlechten Ausbeute. Aber im Internet kann man in etwa 20 Minuten locker 100 Frauen anschreiben. 20 Minuten Investition für Sex? Klingt nach einer besseren Ausbeute. So lange wartet man an einem Samstagabend allein schon vor der Clubtür.

Wer das jetzt für unmoralisch und platt hält, der sollte meine äußerst charmante Mail lesen:

 »Ich weiß, dass es sich eigentlich nicht gehört, mit der Tür ins Haus zu fallen. Die Choreografie des Kontaktgesprächs sieht eigentlich vor, dass wir uns
1. zuerst schreiben,
2. dann etwas trinken gehen,
3. uns tief in die Augen sehen und dann vielleicht
4. miteinander schlafen.
Ich würde gerne Punkt 1– 3 auslassen. Was meinst du?«

Bei der Wahl meiner Zielobjekte bin ich nicht sehr wählerisch. Ich schieße mit der Schrotflinte auf alles, was sich bewegt, und schreibe an Buchhalterinnen, Tierärztinnen, Rechnungsprüferinnen, Studentinnen, Doktorandinnen, Gärtnerinnen und PR-Beraterinnen im Alter von 18 bis 47 Jahren. Sie heißen »belle82«, »miss-anthrop«, »katie4u«, »zweisamkeit27«, »kara_mell«. Sogar eine »gierig89« ist dabei.

Keine Ecke Deutschlands ist vor mir sicher. Wie eine Pusteblume verstreue ich meine Saat über die Republik und hoffe, dass sie auf fruchtbaren Boden fällt. Ich liefere Liebe frei Haus nach Kiel und Hamburg, Berlin, Hannover, Leipzig, München, Rosenheim, Münster und Stuttgart. Sogar nach Bingen und nach Neuss. Und da ich ein guter Mensch bin, schreibe ich sogar nach Halberstadt.

Punkt 12.04 Uhr an einem Mittwoch startet das Experiment. Nach den ersten 20 verschickten Standardanfragen blinkt es das erste Mal in meinem Postfach. Eine Mail.

»SonneMondundWärme37« schreibt: »Danke für deine Ehrlichkeit, habe aber kein Interesse.«

Nach 50 Mal Copy & Paste tut mir langsam die Hand weh. Drei Frauen haben sich bisher auf mein Profil verirrt. Eine Mail bisher. Nicht mal »Rodeoqueen« (31) hat mir geschrieben. Dabei reitet die doch gern, schreibt sie. In ihrem Statement steht außerdem der Satz von Oscar Wilde: »Frauen sind da, um geliebt, nicht, um verstanden zu werden.« Genau das will ich ja. Aber irgendwie will niemand meine Liebe erwidern.

Ah, da blinkt ja noch eine Mail.

 »Sehr geehrtes Mitglied,
Ihnen wird vorgeworfen, dass Sie gegen unsere Nutzungsbedingungen verstoßen haben.
Uns wurde berichtet, dass Sie andere Mitglieder belästigt haben sollen.
Das ist nicht gestattet. Ebenso sind verboten: Beleidigungen, üble Nachrede und Verleumdung (§§185ff. StGB).
Wir haben Sie daher aufzufordern, die Ihnen vorgeworfenen Handlungen sofort zu unterlassen.

Wir machen Sie ausdrücklich darauf aufmerksam, dass wir bei weiteren Zuwiderhandlungen gezwungen sind, Sie von der weiteren Nutzung unseres Dienstes auszuschließen.
Mit freundlichen Grüßen,
Ihr Benutzerservice«

Ich hätte ja zu gerne geantwortet: »Hat bei euch vielleicht jemand Lust auf ein Sex-Date?« Leider kann man auf solche Mails nicht antworten.

Die dritte Mail ist von der Tierärztin: »Hi, und wie geht's so?« Ich antworte ihr, dass sie ein bisschen so aussehe wie Charlotte Roche. »Danke für das Kompliment! Habe aber kleinere Backen, hoffe ich.«

Was sie denn so von meinem Angebot hält? –
»Äh, welches Angebot?« –
»Na, das in der Mail vorher.«
Sie hatte es gar nicht gelesen.

Egal, blinkt ja schon die nächste Mail:
F. (31), Bankerin aus Berlin, »ein paar Kilo mehr«, ist ein

 Superweib mit Lust auf Hedonismus und Nächstenliebe ohne Christlichkeit. Beuteschema: 18 Jahre und Millionärssohn oder alleinerziehenden Vater.«

Und sie will:

 »Hab geschmunzelt. Wenn die Chemie stimmt, können wir zu Punkt 4. Allerdings würde ich dafür gern zu Punkt 2 kommen, um das abschätzen zu können.«

44

Na, dann wollen wir mal zurückschreiben!

Aber was ist das?

»Dieses Profil ist leider gelöscht.«

Nein, nicht das der Bankerin. Sondern meines.

DATE-PROFIS – EINSATZ AM HERZEN

Der Milosz ist ja so was von schmerzbefreit, das geht gar nicht. Wir haben uns getroffen. Zum Kaffee in Kreuzberg. Und da hat er mir mächtig stolz erzählt, auf welch gewitzte Ideen er so als »Mephisto80« kommt. Na ja, wenn er meint, dass er so die richtigen Frauen trifft … Ich setze nach dem Kontaktanzeigendesaster dann doch lieber mal auf Zufallsbekanntschaften.

The International

»Frau Kilian, hiermit bewerbe ich mich bei Ihnen. Hochoffiziell. Per mündlicher Kontaktanzeige, hier und jetzt.«

Drei Sätze bestimmen unser Kennenlernen. Den ersten schleudert mir Deniz beim Vietnamesen auf der Bergmannstraße entgegen. Mit meiner Schwägerin in spe bespreche ich gerade – vermeintlich unbeobachtet und ungehört – alle Details ihrer baldigen Hochzeit mit meinem Bruder. Von der dieser zwar noch nichts weiß, aber das wird schon noch. Meine Schwägerin und ich gehen jedenfalls fest davon aus, dass es nicht mehr allzu lange bis zum Antrag dauern kann.

Ein unterdrücktes Lachen von rechts unterbricht da unsere höchst wichtige Besprechung. Der wird doch wohl nicht … Hat er. Mit Pak Choi im Mund und Stäbchen in der Kokoscreme hat uns der Mann, der sich ein paar Minuten zuvor neben uns auf die Sitzbank gequetscht hat, heimlich belauscht. »Und wen heiratest du?«, wirft er mir quer über den Biertisch entgegen. Frechdachs. »Dich«, antwortet meine Prä-Schwägerin da. Na, herzlichen Dank. Vielleicht sollte mein Bruder mit dem Antrag doch noch etwas warten. »Ja, lass uns heiraten«, sagt da auch schon der Frechdachs. Und diese zwei Intrigen-Menschen grinsen mich feist fordernd an. »Äh, ja, ne, ist klar«, stammele ich. Zu spät. Wer locker sein will, muss sich schlagfertig zeigen. »Wo heiraten wir denn?«, frage ich zurück. »Am Strand«, sagt der Mann, der übrigens echt nach Mann aussieht. Unter seinem weißen Shirt spannen sich Muskeln, mehrere gleich, sein Kopf ist kurz geschoren, seine Augen sind unfassbar dunkel und warm, die Haut ist leicht getönt, cremig könnte man sie nennen … Also, Strand bei der Heirat ist okay.

Innerhalb von fünf Minuten haben wir geklärt, wann (in genau einem Jahr) wir (sein Nachname wird angenommen, da denken wir beide konservativ) wie (mit dem engsten Kreis und am liebsten unseren Hunden) und wo (am Strand in der Türkei wäre fein) heiraten. Und meine Schwägerin entscheidet sich, uns zwei doch mal allein zu lassen.

Das zweite Treffen eine Woche später. Ob ich nicht Lust hätte, mit auf die Party eines Freundes zu kommen, fragt Deniz. »Einer meiner guten Freunde«, wie er per WhatsApp schreibt. Ja, wieso nicht. Wenn er mir jetzt schon seine Kumpels vorstellt, kann er es doch nur ernst meinen. Wir müssen uns schließlich noch kennenlernen, am ersten Abend hat es doch nur für Hochzeitsplanungen und den Nummernaustausch gereicht. Und einen Trauzeugen müssen wir ihm unter seinen Kumpels auf der Party auch noch aussuchen – bei mir ist die Schwägerin schließlich schon gebucht.

Treffpunkt vorm »St. Oberholz« am Rosenthaler Platz. Neun war abgemacht. Für Spielchen haben wir keine Zeit – ich bin pünktlich. Nur er nicht. »Verspäte mich etwas«, schreibt er. Immerhin, er hat dran gedacht. »Gleich da …« kommt um halb zehn. Oh Mann. Die mitleidigen Blicke der Mitte-Hipster aus dem Oberholz, die haben ihre Berechtigung. Aber er wird schon einen Grund haben, warum er später kommt, denke ich. Und stecke sogleich in der typischen Frauendenk-Falle, es könne ja überhaupt nicht daran liegen, dass man nicht interessant genug und deshalb ein Grund sei, unpünktlich zu sein. Als er zwanzig vor auf dem Fahrrad angerast kommt, weiß ich, dass ich den Fehler gemacht habe. »Wollte noch den Film zu Ende schneiden«, sagt Deniz. Ist klar. Das hätte man ja auch nicht morgen, den ganzen freien Sonntag lang tun können.

Egal. Gut sieht er wieder aus. Nicht schön, aber wie gesagt: männlich. Dunkle Jeans, weißes Shirt – und diese unverschämt braune Haut. Seine Schultern sind so breit, dass ich jetzt schon ein wenig Angst bekomme. Obwohl, zu seinem Glück gezwungen werden kann ja auch schön sein … Schluss jetzt. Wir klingeln beim Kumpel in Mitte. »Wer ist das jetzt genau?«, will ich noch im Fahrstuhl wissen. »Keine Ahnung, ich kenn da nur den einen«, antwortet Deniz und drückt oben dem Penthouse-mit-Dachterrasse-Bewohner eine Flasche Wodka in die Hand.

Nett hat der es hier. Klare Formen und Farben, modernes Mobiliar. Aus der offenen Küche reichen zwei Barkeeperinnen Cocktails nach Wunsch in feiernde Fäuste, auf der Terrasse drängeln sich dünnbeinige Frauen neben verdächtig nach Unternehmensberatung aussehenden Typen. Da ist Deniz doch eine angenehme Ausnahmeerscheinung. Mitten in die Maßgeschneiderten-Menge – die für die Pacha-House-Musik, die aus den »Bang & Olufsen«-Boxen dröhnt, zu cool zum Tanzen zu sein scheint – will er trotzdem. Wir drängeln uns dazu.

Von dem Kumpel, den er kennt, darf ich mir dann erst mal anhören, welche Frauen auf der Party er schon alle »hatte«. Reizend. Von einem anderen lasse ich mir erzählen, dass er neben seiner Vorstandsarbeit bei der Bank jetzt schon lange plane, Tantra-Lehrer zu werden. Und dass er schon bald seinen ersten Kurs geben will. Und dass Deniz und ich natürlich herzlich willkommen sind. Das ist ja nett.

Und Deniz, der grinst. Schon die ganze Zeit beobachtet er mich und kippt einen Caipi nach dem nächsten in sich rein. Als sich dann auf meinem Weg zur Bar auch noch ein 1,60-Meter-Kollege aus der Kanzlei meines Bruders an mich schraubt, hab ich erst mal genug. Der hatte es schon mal auf einer anderen Feier versucht. Und geglaubt, ich sei von seinem Fuhrpark und der dicken Kohle, die er scheffelt, so überzeugt, dass ich gar nicht anders könne, als sofort mit ihm zu schlafen. »Geiler Zwerg« nennt mein Bruder ihn. Und freut sich, dass seine Schwester selbst Geld verdient. Ich verweise den geilen Zwerg also an meinen Verlobten auf der Dachterrasse und mache mich über das Buffet her.

Wie mies manche Männer doch im Vergleich zu Lachs-

Ricotta-Wraps auf einem Silbertablett abschneiden ...
Fröhlich in mich reinfutternd habe ich nicht bemerkt, wie
viele Gäste inzwischen gegangen sind. Und dass Deniz
allein auf der Terrasse steht. Ziemlich eindringlich fixiert
er mich durch die Glastür. Ein unangenehmes Gefühl, so
mit den Wrap-Resten im Gesicht ... Plötzlich steht Deniz
ganz nah vor mir. »Frau Kilian, Frau Kilian«, sagt er. Und
brummt dabei so komisch. Dann packt er mich an der
Taille und zieht mich an sich. Uah, Moment, denke ich
und versuche mich von ihm wegzudrücken. Geht nicht,
er klammert sich fest. Seine breiten Schultern finde ich
jetzt weniger aufregend. Entweder hat Deniz inzwischen
seinen zehnten Caipi gegurgelt – oder ich hätte zumindest einen weiteren trinken müssen.

»Nicht, Deniz, lass mal«, sage ich und versuche mich
wieder Richtung Lachs-Ricotta-Wraps zu drehen. Was
ihn eher anzuspornen scheint. Er packt mich fester, noch
fester – und steckt mir die Zunge ins Ohr. »Hey, lassen!«,
wiederhole ich und stemme die Hände gegen seinen
Bauch. »Come on, you're such a sweet girl«, flüstert er
und brummt schon wieder. Okay. Ich will weg. Sofort.
Bei Anglizismen könnte ich brechen. Er besteht darauf,
mich noch zur S-Bahn zu bringen.

»War doch ein witziger Abend, oder?«, schreibt Deniz
tags darauf. »Nein, war es nicht«, erzähle ich meiner
Prä-Schwägerin bei Chai und Cheesecake im »Barcomi's«
auf der Bergmannstraße. »Eigentlich kenne ich ihn doch
auch gar nicht.« »Ja, hat er denn eine Freundin?«, fragt
sie. »Weiß ich nicht«, sage ich. »Und er wollte mir auf
die Frage auch nicht antworten.« »Hm«, sagt sie. »Hm«,
sage ich. Als ich mich wieder Richtung Charlottenburg
aufmache, muss ich trotzdem daran denken, wie er mich

gepackt hat. Das war schon aufregend. So bestimmend. She likes that, wie er jetzt sagen würde. Uah. Aber das mit der Freundin, das könnte man doch zumindest noch mal klären.

Unser drittes Treffen, ein paar Tage später. Am Ludwigkirchplatz. Wieder Vietnamese, wieder direktes Gespräch. Also gut, Karten auf den Tisch. Ich durchwühle gerade Kontaktanzeigen, gestehe ich. Und treffe mich mit ganz schön vielen Männern. »Aha«, kommt von Deniz. Begeistert ist er nicht. Dass es dabei dann prinzipiell nur bei einem Kaffee oder Abendessen bleibt, das gefällt ihm schon besser. Er ist auch Journalist. Und wird neugierig. »Okay, erzähl mir, was los ist«, sagt er. Und ich gestehe, offenbar noch immer nicht über meine erste große Liebe hinweg zu sein. Sonst hätte ich mich wohl schon eher mal wieder jemandem öffnen können, der auch auf der Suche nach was Echtem, etwas Reinem ist. Und dann sagt Deniz diesen Satz: »Frau Kilian, dann bewerbe ich mich hiermit bei Ihnen. Hochoffiziell. Per mündlicher Kontaktanzeige, hier und jetzt.« Und grinst. Auch ich muss grinsen.

Er komme auch aus einer intakten Familie mit Traditionen, sagt er. Dann erzählt er von seinen Eltern. Seiner Kindheit und Jugend in Bayern, seinen Anfängen bei einer regionalen Zeitung und seinen Stationen als Korrespondent. Endlich sprechen wir ehrlich miteinander. Und auf Deutsch. Es fühlt sich gut an. Und wird schnell sehr persönlich. Auch er wisse, was Liebe bedeutet, sagt Deniz. Zwei Mal habe er sie bislang erlebt. Genauso wie den Schmerz, der einen zerreißt, wenn es nicht hält. Pause. Wir schauen uns an. »Für heute soll es gut sein«, sagt Deniz und bestellt die Rechnung. Wie tief seine

Stimme doch klingt ... Bis in den Beckenboden vibriert sie, wenn er spricht.

Deniz greift meine Hand, wir laufen Richtung Savignyplatz. »Soll ich dich nach Hause bringen?«, fragt er. »Nein, danke dir«, sage ich. Wir bleiben an der Bushaltestelle stehen. »Aber das darf ich?«, fragt er und zieht mich plötzlich wieder an sich. Er darf.

Bis er mit einer Hand immer tiefer rutscht. »Hey – ich dachte, für heute ist es gut«, sage ich. Wenig überzeugend anscheinend. Wieder kann ich mich nicht von ihm wegdrücken, fest presst er sich an mich. Und steckt mir die Zunge ins Ohr. »Nein, ich komme doch mit«, sagt er. Kommst du nicht, denke ich. Wo ist der Deniz, der es scheinbar doch ernst meint, der verstanden hat, dass ich Anlauf brauche? Und dann sagt der andere Deniz, Mister International, diesen dritten Satz. »I'll fuck you now, Miss Kilian.« Nein, Deniz. Wirst du nicht.

Der Karriere-Typ

 Olli, sportlich-männlicher Typ, 28/1,85 m, beruflich wie menschlich erfolgreich, sucht fröhliche Sie. Wenn du hübsch, solo und berufstätig bist, bist du die Richtige!«

Aha. Ganz schön viel »Beruf« in zwei Sätzen. Wir treffen uns am Lietzensee. Olli schiebt mich in eine seiner Kreativpausen, wie er sagt. Ist ja nett von Olli. Hauptsache, ich finde mein Erstes-Date-Verhalten nicht in einer der nächsten Werbekampagnen seiner Agentur wieder. Die sitzt in Mitte, ist ziemlich bekannt und fängt mit »Scholz and Friend« an. Seit einem knappen halben Jahr arbeite er für die, sagt Karriere-Olli, der am Kaiserdamm aus einem 5er BMW mit Hamburger Kennzeichen steigt. Noch sei er in der Probezeit, deswegen könne er jetzt auch nicht allzu lang fortbleiben, sagt er. Klar, ich hab mir ja auch schon die »Oh-Gott-wie-komme-ich-aus-diesem-Date-raus-also-lege-ich-mir-den-nächsten-Termin-auf-höchstens-eine-Stunde-danach«-Ausrede zurechtgelegt.

Olli ist ziemlich genau das, was meine Kollegin Caro als absolutes »Mäuschen« bezeichnen würde. Groß, schlank bis schlaksig mit trainierten oder zumindest eiweißpulvergepuschten Schultern, braunem, etwas längerem Haar und Surferblick, der dir aus strahlblauen Augen vermitteln soll: Mit mir kannst du Spaß ohne Ende haben. Und wenn der Spaß doch ein Ende hat, habe er das ja gar nicht böse gemeint, er habe ja nur Spaß haben wollen. Halt nur mit Ende. Dazu trägt Olli einen Kapuzenpulli made by amerikanischer Uni, an der er garantiert für mindestens zwei Wochen einen superwichtigen Kurs belegt hat, als er sein von den Eltern aufgedrücktes High-School-Jahr absolvierte, und ein dunkelblaues Käppi. Natürlich auch von der Ami-Uni.

Wären seine Schultern nicht so breit – ich würde ihn eher als »Mädchen« bezeichnen. Und wäre er nicht so interessant, weil ich einen wie ihn nie bei Kontaktanzeigen in einer Zeitung vermutet hätte, wäre er wohl eher weniger mein Typ.

Das Mädchen und ich gehen nun also um den Lietzensee. Warum er denn eine Anzeige geschaltet habe, frage ich ihn, kann er sich doch sicher vor Caros kaum retten. »Das ist ja eine dämliche Frage, warum antwortest du denn dann auf so eine Anzeige, wenn du das merkwürdig findest?«, fragt Olli entwaffnend zurück. »Okay, hast recht, war tatsächlich dämlich«, sage ich. Inzwischen haben wir das Bootshaus am See erreicht. »Also, um ehrlich zu sein – ich habe einfach keine Zeit, mich um diesen ganzen Kennenlern-Quatsch zu kümmern«, sagt Olli und bestellt zwei Apfelschorlen. »Deswegen die Anzeige.« Momentan arbeite er so viel, sieben Tage die Woche, dass er nur ab und zu mal einen Tag freimachen könne. »Und den will ich dann gleich ganz genießen. Mit einer festen Freundin«, sagt Olli. Und da müsse er eine Frau, »am besten eine schicke«, hinter sich wissen. Die »auch viel arbeitet« und die »das verstehen kann«. »Und du bist ja auch ganz gut beschäftigt«, sagt Olli.

Stimmt. Dass ich so ein Kennenlernen dennoch erst mal ganz gut fände, ist ja egal. Machen wir ja quasi gerade. Na ja, so halb. Würde nicht alle zehn Sekunden sein iPhone beziehungsweise das Blackberry – ja, er hat zwei Handys, und ja, ich kenne den Trick »Zwei Handys, zwei Freundinnen« – klingeln, piepen oder vibrieren. Bis zum zweiten Schluck Apfelschorle schaffen wir unser Kennenlernen. Bis dahin habe ich noch erfahren, dass Olli ein Hamburger Jung ist, dessen Freunde alle BWL und Jura studiert haben, nur er nicht, er habe das gemacht, was ihm Spaß mache »Ich bin gerade in einem Meeting, darf ich Sie später zurückrufen?«, fragt er en passant in sein klingelndes Blackberry –, nämlich Kreativdesign an der FH, und nebenbei habe er viele, viele Praktika gemacht, und jetzt wolle er das bei der Agentur hier in Berlin nicht versauen, deswegen arbeite er sieben Tage die Woche. Und seine Kumpels würden inzwischen ja auch alle ganz schön viel Geld verdienen – »Junge, ich kann gerade nicht«, brummt er jetzt in sein leuchtendes iPhone –, und so langsam wolle er das auch mal. Und dann sagt er: »So, ich muss dann jetzt auch mal wieder, wollen wir?« Äh, ja, dann wollen wir mal.

Auf dem Weg zu seinem Auto frage ich mich noch, ob ich ihm nicht schnell, schick und/oder schlau genug war, um mehr von mir erfahren zu wollen, da schaut er mich an und sagt: »Gefällst mir – hab jetzt nur gar nichts über dich erfahren, holen wir nach, was?«, springt ins Auto und ist weg.

Komischer Kerl. Ich rechne nicht noch mal mit ihm.

Noch am selben Abend ruft er an. Dass es ja heute so nett gewesen sei und er jetzt zwar noch arbeiten müsse, aber morgen früher rauskönne, so um zehn, und ob wir dann noch was essen gehen wollen?

Machen wir. Zwar nicht am nächsten Abend – ich spiele das Spiel mit und kann ja auch so unfassbar schwer beschäftigt sein –, aber eine Woche später passt es uns beiden. Ich nehme ihn mit zu meinem Lieblings-Sushi-Mann auf der Wilmersdorfer Straße. Wo man sich japan-gastro-getreu die Schuhe ausziehen, in eine Kabine setzen und die Wände zuschieben kann, während man auf das Essen wartet. Lachshaut-Maki und panierte Buddha Roll sind der Hammer – und bis man die erste Apfelschorle auf dem Tisch stehen hat, dauert es zumindest so lange, dass man sich einen Moment lang unterhalten haben muss, bevor man ansaugt, zahlt und abhaut.

Olli ist heute wesentlich entspannter als beim letzten Mal. Das Käppi hat er kniggegemäß abgenommen, keines seiner Handys liegt auf dem Tisch. Und richtig interessiert fragen und zuhören kann er sogar auch. Heute pflegen wir also meinen Narzissmus, toll. Und ob es nun dieser ist oder nicht, der mich das so empfinden lässt, aber der Abend wird richtig nett. Olli riecht gefährlich gut nach »Boss Bottled«. Zu gefährlich, ein absolut perfekter Duft. Und ich höre uns erschreckend schnell reden von der Zukunft, von Familie und Kindern, die man doch unbedingt haben wolle, und dass man unbedingt entspannter werden muss, was die Karriere angeht. Nach dem Essen sagt Olli, er würde mich natürlich noch nach Hause bringen, das gehöre sich doch so.

Mein Vater wäre stolz auf ihn.

Nur nicht unbedingt auf den Satz, den er dann vor meiner Haustür bringt. »Ja, dann komme ich mal mit hoch«, fragt Olli, nein, sagt Olli. Fragen wäre ja lustig. Dann baut er sich erwartungsvoll vor mir auf. »Äh, nee, ich hab auch gar nicht aufgeräumt«, sage ich und erinnere ihn daran, dass das Projekt »feste Freundin« so sicher auch nicht auf dem richtigen Weg angegangen würde.

»Ist mir egal, ich hab keine Zeit«, sagt Olli da, plötzlich ziemlich barsch. »Ich weiß«, sage ich, »du arbeitest sieben Tage die Woche, du erwähntest es schon. Aber so ein bisschen solltest du für eine Frau, die dich interessiert, schon haben.« »Ja, aber bald arbeite ich noch mehr als jetzt – und deswegen könnten wir das doch verkürzen mit dem Kennenlernen«, schlägt Olli vor und greift in Richtung meiner Taille. Das Kennenlernen verkürzen. Ist klar. Welches Kennenlernen? Bisher hatten wir eine halbe Apfelschorle – zu zweit – und 30 Röllchen Sushi. Und mehr arbeiten als sieben Tage die Woche? Das muss ich ihm jetzt nicht ernsthaft erklären. Dankend lasse ich ihn vor der Haustür stehen. Und starte einen neuen Versuch.

Der Direkte

»Nur das Beste für mich, 1,83 Meter, 95 kg, Mitte 30, dunkelblond: Total Verwöhnter sucht total verwöhnte Frau, um sie weiter zu verwöhnen. Ich brauche eine große Frau – und es soll jetzt die sein, die ich behalte.«

Nein, ich habe mich nicht freiwillig bei diesem Mann gemeldet. Das ist das, was der »Verwöhner« Torsten mir am Telefon von sich erzählt. Nachdem er mich um halb zwölf abends, mitten in der Woche, anruft und ich ihn frage, wie seine Kontaktanzeige denn aussehen würde. Torsten hat meine Nummer von Frau Müller bekommen. Die Singlemarkt-Marlies verteilt seit meinem Termin bei ihr fleißig meine Kontaktdaten an Neukunden. Und schaltet fast wöchentlich Anzeigen von mir. Die »Hannah« war ich schon, die »Eva«, die »Marie«, gern auch mal die »Mareike« oder die »Britta«, die »natürlich, unternehmungslustig, häuslich, zärtlich und treu« ist und »die langsam das Gefühl hat, dass sie niemand mehr mag«.

In der Anzeige, auf die sich Torsten gemeldet hat, war ich »Luisa, Arzthelferin, 26, die ihren Mann fürs Leben sucht«. Na ja, das stimmt nicht ganz. Eigentlich hatte sich Torsten für die Anzeige einer Polizistin interessiert, »so eine hatte ich noch nicht«, wie er sagt, und sei deswegen bei Frau Müller gelandet. Und als die ihm das Foto von der Polizistin gezeigt habe, habe er die nicht mehr gewollt. »Die sah blöd aus«, sagt er. Daher die Arzthelferin.

Torsten klingt ziemlich unaufgeregt am Telefon. Er spricht sehr tief und ruhig. Ab und zu hört man seinen Berliner Dialekt durch. Preuße sei er, wie er sagt. Und selbstständig, in der Modebranche. Im Grunde dürfe alles, was er mache, gut und teuer sein. »Jetzt fehlt mir nur noch 'ne Frau fürs Parkett, eine, die vorzeigbar ist«, sagt Torsten. Ob das alles sei, frage ich ihn. »Nein, das klingt oberflächlich, ich weiß«, antwortet er. »Aber ausgestattet wie eine Frau bist du schon?«, fragt er. Ich schlucke. »Äh, ja, grundsätzlich würde ich mich schon als weiblich bezeichnen ...«, sage ich. »Okay ... Ich frage jetzt auch nicht nach der Körbchengröße, obwohl ...« »Dann frag auch nicht«, unterbreche ich ihn. Und schäme mich fleißig fremd. Ob er das ernst meint?

»Bist wohl ganz schön tough«, sagt Torsten. Ich höre ihn lachen. »Find ich aber gut. Meine Ex war viel zu lieb, die hat alles für mich gemacht«, erzählt er. »Das ist natürlich nicht nett von deiner Ex«, sage ich. »Ja. Wie wär's, darf ich dich mal zu einem guten Italiener in Berlin einladen?«

Das mit dem Italiener muss ja nicht sein. Aber ein Kaffee ist okay, so dreist er auch sein mag. Wir treffen uns bei mir um die Ecke, vor dem Schloss Charlottenburg. Das Wetter ist weniger als bescheiden. Ich hasse Wind! Außer am Meer, aber da sind wir ja nicht. Noch nicht ... Stopp, erst mal kennenlernen, sage ich mir und suche nach Torsten. An einem schwarzen VW, zwischen Orangerie und Hauptgebäude, steht ein Mann, ziemlich groß und ziemlich kräftig, raspelkurzes Haar, in der Mitte irokesenmäßig etwas länger, in engem grauem Pulli und Jeans. Und mit buntem Kragentuch um den Hals. »Du musst Torsten sein«, sage ich und gehe auf ihn zu. »Ja, hey«, sagt Torsten und schiebt mich, während er meine Begrüßungshand weiter festhält, ein Stück von sich. Dann schaut er mich in aller Ruhe von oben bis unten an. »Boah, ich würd dich gern einpacken und mit dir woanders hinfahren!«, sagt er.

57

»Nee, lass uns mal hier um die Ecke in ein Café gehen«, sage ich und überlege, ob mir Torsten nicht doch viel zu forsch, zu groß, zu muskulös ist. Für so einen Ausflug mit Unbekannt.

»Gut, dann gebe ich dir die schon jetzt«, sagt Torsten und öffnet seinen Kofferraum. Auf der Ablage liegt eine Rose. »Du siehst echt hammer aus«, sagt Rosen-Torsten und reicht mir das Grün. Und guckt wieder von oben bis unten an mir runter. »Ähm, ja, danke«, sage ich. Und werde rot. »Wollen wir rüber zum Klausener Platz, da ist ein kleines Café«, schlage ich ihm vor. »Ja, klar. Wenn's da schön dunkel ist ...«, sagt Torsten und guckt schon wieder so. Er wird immer ekliger. »Hör mal, wollen wir jetzt vielleicht mal ernsthaft miteinander reden?«, frage ich ihn. »Hey, ja klar, ich wollte dich nur ein bisschen provozieren«, sagt Torsten, fast ein wenig entrüstet, warum ich nicht sofort darauf ein- und direkt danach auf ihn draufsteige. Wie nett, dass sein Blick jetzt erst mal normal wird. Und er mir in die Augen schaut.

Im Café unterhalten wir uns dann auch ordentlich miteinander. Wir sprechen über seine Arbeit (er vertreibt Schals, Mützen und bewusste Kragentücher), die Familie (seine Eltern leben auch in Berlin, hier ist er groß geworden), seine Gewohnheiten (den *Kurier* oder die *Auto Bild* lesen) und was er früher so gemacht hat (Krad-Sport). Die Zitronentarte schmeckt, und ich fürchte, er riecht verdächtig nach – Boss Bottled. Diesen Duft sollte man echt verbieten. Und abgesehen von seinen nach wie vor irritierenden »Ich-lehne-mich-ein-Stück-nach-hinten-und-mustere-meine-Ware«-Blicken hat Torsten ganz schön liebe Augen. Und schöne. Und wie er die Strohhalme für meinen Zweitwunsch, einen Smoothie, ganz sorgfältig aussucht, vorhin darauf bestanden hat, links von mir zu gehen, und sich eigentlich nichts sehnlicher als eine eigene Familie wünscht, wie er beiläufig erwähnt, das gefällt mir dann doch. Ich frage ihn, welche Erfahrungen er denn bislang mit der Singleagentur gemacht hat.

»Die haben es auf jeden Fall alle dringend nötig«, sagt Torsten. Und lacht dreckig. Ach, Torsten. Ob er vergessen hat, dass er mich auch über Singlemarkt-Marlies kennt? »Die Weiber da machen echt alles, um den Typen an sich zu binden. Und die sehen alle grottig aus, da ist echt Hopfen und Malz verloren. Muahahahahah.« Muahahahah, ja. Ziemlich schockiert frage ich ihn, was genau er denn so erlebt habe. »Nee, Alter, das kann ich dir nicht erzählen, dafür bist du echt zu brav«, sagt Torsten. Ach, denke ich.

»Die erzählen halt echt schon am Telefon, worauf sie stehen und was sie wie machen.« »Ja, wahrscheinlich, weil du Frechdachs danach fragst«, sage ich. »Ja, klar, aber das muss man ja trotzdem nicht gleich erzählen. Das fand ich ja auch bei dir so geil, dass du das nicht machst«, sagt Torsten. Ach, fand er das. »Egal, hat Spaß gemacht, die zu provozieren.« Ob er merkt, wenn ich kurz würgen muss?

So, wie er gerade wieder meinen Oberkörper mustert, sicher nicht. »Ich nehme mir halt, was ich brauche«, sagt Torsten, »dich würde ich jetzt auch am liebsten hier auf den Tisch legen – und durchvögeln.«

Oh – mein – Gott. Während ich überlege, wie ich wegrennen könnte, ohne dass er nach mir greift, sagt Torsten noch: »Da steh ich schon auf klare Männer- und Frauenrollen.« Ja, und danach ein schönes Bier und den *Kurier*, denke ich und sage: »Äh, Torsten, ich muss weg.« Und bin es dann auch.

Er fragt nicht, warum. Ich schätze, er weiß es.

Weiß er nicht. Eine Woche später bekomme ich eine SMS von ihm. »Da verbringen wir einen, wie ich finde, ganz schönen Nachmittag miteinander, und danach höre ich gar nichts mehr von dir? Wenn's so ist, isses eben so … Wär bloß nett, wenn du es mir wenigstens auch mitteilen würdest.«

Dass Eindrücke so unterschiedlich sein können. Aber gut, sich gar nicht mehr zu melden ist nicht nett, das stimmt. Ich schreibe ihm also zurück. Und teile ihm mit, dass er auch weiterhin nichts von mir hören wird. Torsten ist der Letzte aus der Singleagentur, der sich bei mir meldet.

DU SUCHST MANN MIT PFERDESCHWANZ?

Meine Bilanz nach einem Monat:

- Fünf oder sechs Mails von Frauen.
- Ein erbärmliches »Schlaf-mit-mir«-Spam-Experiment.
- Kein Date. Null. Zero. Nada. Oder auf Türkisch: nüx.
- Mephisto ist tot.

Alexandra wurde wenigstens schon mal angefasst. Ich bin in etwa so begehrt wie Autogrammkarten von Guido Westerwelle. Dabei wusste Goethes Teufel im *Faust* doch ganz genau, wie man Frauen rumkriegt:

Lasst den Herrn in Gedanken schweifen,
Und alle edlen Qualitäten
Auf Euren Ehrenscheitel häufen,
Des Löwen Mut,
Des Hirsches Schnelligkeit,
Des Italieners feurig Blut,
Des Nordens Dau'rbarkeit.
Lasst ihn Euch das Geheimnis finden,
Großmut und Arglist zu verbinden,
Und Euch, mit warmen Jugendtrieben,
Nach einem Plane zu verlieben!

Ha! Das ist es. Ich muss zu etwas werden, was es noch nicht gibt. Zu einer Legende, zu einem Mythos, zu einer Kunstfigur!

Wie ich inzwischen erfahren durfte, gibt es zwei Arten von Männern, die sich im Internet tummeln:

1. Die Schweine
Das sind die Klausis und Gerds über 50, die 20-jährige Mädels anschreiben. Das sind die Oben-ohne-Poser mit dem David-Hasselhoff-Poster im Kinderzimmer, die Smileys rumschicken und »Yeaaaah Ficken!!« grölen, sobald sie eine Flasche Bier getrunken haben. Manchmal reicht auch schon der Anblick eines Profils. Und ja: das ist auch »Lebendtoilette Michael«, obwohl der echt mal ehrlich war.

2. Die heimlichen Schweine
Die zweite Kategorie sind dann die versteckten galanten Schweine. Da gehört der edle Gentleman dazu, der mit Goethe anfängt: »Mein schönes Fräulein, darf ich wagen,

meinen Arm und Geleit Ihr anzutragen?«, in Wirklichkeit aber wohl sagen wollte: »Gähn, Fräulein, ich muss klagen, denn arm bin ich und wegen akuter Geilheit trau ich mich nicht, anders zu fragen …« Nach zwei Gläsern Rotwein schwenkt diese Kategorie Mann dann um, und es beginnen die letzten 120 Tage von Sodom. Frauen, die jetzt kein Taxi mehr erwischen, erfahren mehr über Männer, als sie wissen wollen.

Doch eine Männer-Kategorie fehlt noch:

3. Die lustigen Schweine
Ich glaube ja, dass Männer und Frauen gar nicht so verschieden sind. Jedenfalls merke ich, dass ich mich meistens mit den Frauen ganz gut verstehe, die für meinen »Unterrum-Humor« ein bisschen offen sind. Am liebsten sind mir da die brav wirkenden Akademiker-Mädchen, die auf jeden versauten Witz mit einem gespielt entrüsteten »Milosz!« reagieren. In dieser Hinsicht würde ich mich auch nie verstellen wollen, denn ich passe wohl am ehesten in die dritte Kategorie, die der »lustigen Schweine«. Ich suche weder die überkorrekte Schicki-Micki-Ordensschwester noch die totale Proll-Frau. Sondern einfach eine, die durch ältere Brüder etwas verdorben wurde. Und mich deshalb nicht allzu ernst nimmt.

Ich denke etwa zehn Sekunden nach und erschaffe ein neues Profil:

»HansiHirsch (31)«
Mein Foto: Man sieht nur die Hälfte des Kopfes, Sonnenbrille, Kippe im Mund, der Blick geht in die Ferne.

Das war's.

Aussehen: 1,86 m, sportlich (das war ich schon vor zehn Jahren nicht, aber egal).

Beruf: Flaneur, Spekulant, Bohémien (das ist die netteste Umschreibung für einen Arbeitslosen, der auf Pferderennen wettet).

Ich suche: Frau für Abenteuer, Flirt, nette Bekanntschaft (und ganz bestimmt nicht für Museumsbesuche!).

Ich habe Lust auf: ein paar Drinks! (Die Frau, die mir schreibt, soll ruhig wissen, dass sie abgefüllt wird.)

Ich fühle mich: Sehr gut. (Zuversicht hat noch niemals geschadet. Sorge dich nicht, date!)

»Ihr Profiltext wurde leider nicht akzeptiert«, poppt es auf der ersten Plattform auf. Hey, das war kein Profiltext. Das war meine neue Persönlichkeit! Probieren wir halt die nächste Plattform aus. »Ihr Profilfoto entspricht leider nicht unseren Anforderungen! Bitte wählen Sie ein anderes aus!« Auf der dritten Seite klappt es. Der »Liebesgott 2.0« hat folgende Nachricht an die Frauenwelt:

> *»Wer hier schreibt, sie sei jemand ›zum Pferdestehlen‹, soll fünf Euro in die Bullshit-Bingokasse einzahlen!*
>
> *Und zehn Euro soll zahlen, wer kein Profilfoto hochlädt und stattdessen den kleinen Prinzen zitiert: ›Man sieht nur mit dem Herzen gut, das Wesentliche ist für die Augen unsichtbar.‹*
>
> *Für ›Carpe diem‹ wird übrigens ein Zwanni fällig!*
>
> *Wann traut sich 'ne Frau endlich mal, in ihrem Profil zu schreiben: ›Suche Mann mit Pferdeschwanz – Frisur egal‹?*

63

Und bist du jemand, der über so einen Mist auch
noch lachen kann? Dann schreib doch mal ...
hab übrigens 'ne ganz normale ... äh, Frisur.«

Und da es nun auch schon egal ist, beantworte ich doch
gleich mal ein paar Fragen zu meiner Person:

Wie sieht für Sie ein ausgefülltes Liebesleben aus?
»Hart aber zärtlich = herzlich«
**Wie würden Sie Ihre charakterlichen Vorzüge be-
schreiben?**
»Bizepsumfang: 43 cm«
Welche Grundwerte bestimmen Ihr Leben?
»Die 7 Todsünden, v. a. Völlerei und Unkeuschheit«
Haben Sie noch Träume im Leben?
»Ja, aber danach muss das Laken immer in die Wä-
sche – Mist!«
Welche Art von Filmen mögen Sie?
»Ihr zensiert das doch eh wieder ...«

Und Mephisto? Was sagst du zu diesem Prachtkerl?

»Das ist der rechte Mann!
Ihr seid noch ziemlich wohl gebaut,
An Kühnheit wird's Euch auch nicht fehlen,
Und wenn Ihr Euch nur selbst vertraut,
vertrauen Euch die andern Seelen.«

Fünf Minuten später bin ich online. Und jetzt finde mich
endlich, Traumfrau.

»Nein, nein! Der Teufel ist ein Egoist
Und tut nicht leicht um Gottes willen,
Was einem andern nützlich ist.
Sprich die Bedingung deutlich aus;
Ein solcher Diener bringt Gefahr ins Haus …«

Steht übrigens auch im *Faust*, Milosz. Aber mach du mal.

Ich habe mich jetzt tatsächlich zum »Speed Dating« angemeldet:

»Sobald alle Teilnehmer anwesend sind, eröffnet der Love Angel das Speed Dating. Jede Runde endet nach sieben Minuten, dann wechseln die Männer die Plätze. Nach der ersten Runde besteht die Möglichkeit, Getränke zu bestellen. Während des Speed Datings stellen sich die Teilnehmer gegenseitig mit ihren Pseudonymen vor. Kontaktdaten werden während des Speed Datings nicht ausgetauscht.«

Sieben Männer, sieben Dates, sieben Minuten. In den hinteren Teil eines Restaurants am Marheinekeplatz in Kreuzberg sitzen sechs Frauen brav auf die lange Bank gequetscht, die Herren aufgereiht auf den Stühlen an den Zweiertischen davor. Alle sind schon da, warten, als mich der sogenannte Love Angel zur Truppe bringt. Das Thema Anglizismen hatte ich ja schon angesprochen – aber gut. Würde jetzt auch nicht den besten Eindruck machen, hier im Restaurant.

Der Love Angel ist übrigens eine junge Frau mit Ring in der Lippe, die einen freundlicherweise schon an der Eingangstür mit einem lauten »Auch zum Speed Dating?« – ähnlich dem »Außerdem?« von Wurst-Erna an der Fleischtheke – begrüßt. Danke, jetzt weiß auch der Rest der Restaurantbesucher, warum ich hier bin. Ich rutsche auf den letzten freien Platz, vor mir sitzt ein Mann mit Brille und Querstreifen-Sweater, und denke noch fix daran, dass ich heute als Jurastudentin Eva auftrete. Muss ja nicht jeder gleich wissen, was ich eigentlich so mache. Los geht's, der Love Angel gibt das Startsignal.

Pit ist der Erste, der mir die nassgeschwitzte Pranke über den Tisch reicht und nervös an seinem Stabilo-Stift plus Bewertungsbogen nestelt, während wir uns gegenübersitzen. »Und wer bist du so?«, fragt er. »Alexandra, ach nee, Eva meine ich, bin ich«, sage ich und spüre, wie mir das Blut ins Gesicht schießt. Erster Punkt für Pulli-Pit – ich bin auch nicht weniger aufgeregt als er. Ich lache etwas zu laut und fordere ihn frech auf, mir jetzt bitte schön alles von sich zu erzählen. Sechs Minuten habe er schließlich noch. Biotechnologe sei er und 34, sagt Pit. Er arbeite an der Charité, wolle aber demnächst einen Kindergarten eröffnen. Da sei es ja nett, dass ich Rechtsbeistand leisten könne, wenn wir dann erst mal zusammen sind. Äh … Ach ja, und er komme gerade aus einer langen Beziehung, zehn Jahre habe die gedauert, aber die letzten Jahre sei nichts mehr gelaufen, also sexuell nicht, sie sei nämlich fett geworden. Äh … Und er würde mich auf 31 schätzen. Okay, Pit, das tut mir leid, aber als der Love Angel just in diesem Moment quietschig schrill »stopp, stopp, stopp, stopp, stopp« ruft und zum Tischwechsel auffordert, möchte ich die Engelsfrau das erste Mal an diesem Abend ganz fest an mich drücken. Sehnsüchtig blicke ich zwei Plätze weiter, wo ein groß gewach-

66

sener Mann mit unfassbar strahlenden Augen sitzt. Pech gehabt, den kriege ich erst als Sechstes vorgesetzt. Vor mir baut sich Elmar auf. Was für ein Name.

Elmar trägt Glatze und schlichtes schwarzes Shirt mit Jeans. Und ich muss sagen, besser als Pit gefällt er mir schon allemal. Dumm nur, dass er wirklich Jurist ist. Und ziemlich genau wissen will, wann ich mein Staatsexamen schreibe, wo ich studiert habe und was mein Fachgebiet ist. Ich lenke ab. Was für Sport er denn machen würde. Laufen, sagt Elmar, am liebsten direkt vor seiner Tür in der Nähe von Potsdam, wo er gleich in die Natur rennen kann. Sehr gut klingt das, ich laufe schließlich auch. Auch täglich. Auch in die Natur.

Und schon spielt er die »Ich liebe Tiere«-Karte aus. Er wolle unbedingt wieder einen Hund haben, das sei so wichtig, und ob ich denn auch Hunde und Katzen mögen würde. Absolut. Ohne Hund ist das Leben höchstens halb so schön. Und Elmar hat einen ziemlich liebevollen Blick drauf. Zeit, diesem auf den Grund zu gehen, bleibt jedoch nicht. Wieder wird gewechselt, Elmar rutscht nach links. Und von rechts rutscht Heiner auf. »Gosu, hallo«, sagt er. Gosu? Ja, das sei sein Pseudonym. Ein Nickname von früher, als er noch Computerspiele gezockt habe. Aha. Ob es denn eine Bedeutung habe, sodass er daran festhalte? Na ja, ja, sagt Gosu-Heiner, das sei Südkorea-nisch und heiße »Großmeister«. Ich frage ihn, ob er denn jetzt auch ernsthaft von mir so genannt werden will – und danke Gott, als er verneint.

Heiner dürfte leider dennoch als der Nerd durchgehen, den man hinter solch einem Pseudonym vermutet. Er arbeite in einer Firma, die Laborteile herstelle, und sei dort »IT-Systemadministrator«. Und alle seien auf ihn angewiesen, wenn auf ihren PCs etwas nicht laufe. Das sei natürlich ein ziemlich geiles Gefühl, sagt er. Mehr fällt ihm dann leider auch nicht ein. Stattdessen lacht er noch einmal dreckig und fummelt den Rest der Zeit an den Schnüren seines Kapuzenpullis herum, die verdächtig nach »öfter mal daran gelutscht« aussehen. Gut, dass Marius als Nächstes kommt. Der macht mich auf den ersten Blick zwar gar nicht neugierig – auf das zweite Wort dafür gleich umso mehr. »Begriffe wie Love Angel sollte man verbieten«, sagt Marius und strahlt mich an. Volltreffer. Sofort fallen wir gemeinsam über Sinn und Unsinn dieser Veranstaltung her, lachen über die absurde Szenerie, die wir den anderen Restaurantgästen wohl gerade bieten, und schrecken überrascht auf, als der Love Angel lauthals die nächste Runde verkündet. Kein einziges Wort haben wir an Standardfragen wie Beruf, Alter und Ziele im Leben verloren. Wie angenehm! Lustlos wende ich mich dem fünften Date am Abend zu.

Big-John nennt der sich. Trägt weißes Polo-Shirt von Ralph Lauren und arbeitet als Vermögensverwalter. Und leider unterstreicht der bereits seinen ersten Satz mit einem lässigen: »I don't know.« Ich schon. Das mit den Anglizismen geht einfach nicht. Für den Rest des Gesprächs versuche ich mit halbem Ohr meinem kommenden sechsten Date zuzuhören, dem Mann mit den Stahlaugen. Funktioniert halt nicht so richtig, von wegen Multitasking, ich verstehe kein Wort von seiner Unterhaltung mit meiner Nachbarin – und mein »You don't know«-Mann fragt schon drei Sätze später, ob ich ihm eigentlich überhaupt zuhören würde, das ginge ja gar nicht, wenn nicht und so. Ätzend!

Und dann kommt sie endlich. Die Ansage, wieder die

68

Plätze zu tauschen. Der Mann mit den Stahlaugen steht endlich an meinem Tisch. Ob er sich setzen dürfe? Ja, aber natürlich, gerne doch. Gott, bin ich oberflächlich. Und meinen Freundinnen erzähle ich immer, dass mir ein hübsches Gesicht überhaupt nicht wichtig sei. Ist klar. Das hübsche Gesicht fängt jedenfalls an zu reden – und scheint ziemlich aufgeregt zu sein. Extrem weit reißt »James77« seine Augen auf und beginnt, auf mich einzuquatschen. Er komme aus Mönchengladbach, ja, und er sei Ingenieur, ja. Und dass er Triathlon mache, ja, und dass er Berlin ja schon so gut kenne, ja. Ja, ja, ja. Sieben Minuten lerne ich ihn kennen. Und er mich null. Weil es ihn wohl nicht zu interessieren scheint. Oder er zu aufgeregt ist. Gut, aber darum muss ich mich ja nicht weiter kümmern.

Dachte ich. Exakt zwölf Stunden später ändert sich das.

Jeden Morgen laufe ich durch den Schlosspark. So auch an diesem Morgen am Tag nach Speed Dating und Love-Angel-Überdruss. Und wer kommt mir entgegen? Richtig, der Typ mit den Stahlaugen. Berlin ist ja auch nicht zufällig 892 Quadratkilometer groß. Mein erster Gedanke: Oh, nee. Bitte lass mich unerkannt weiterlaufen. Ungeschminkt dürfte das doch problemlos möglich sein. Ist es leider nicht. »Ach!«, sagt James77 und verlangsamt seinen Schritt. Und da ich unhöfliches Benehmen ganz furchtbar finde, tue ich das auch. Und wende auch nichts ein, als er wie selbstverständlich in meine Richtung umdreht und »spontan« seinen Laufplan ändert. Nett sieht er ja nach wie vor schon aus. Komplett durchdefiniert, ein Triathletenkörper vor dem Herrn. Meine Freundin Marie würde mich für verrückt erklären. Und mir noch einmal einbläuen, dass es mit dem Prinzessinnen-schlaf nun langsam mal gut ist. Also steige ich auf sein Gespräch ein und versuche, mich thematisch voll auf ihn zu konzentrieren. Schließlich geht er nach wie vor davon aus, ich hieße Eva und stünde kurz vor dem zweiten Staatsexamen.

Und je länger wir laufen, desto größer wird mein schlechtes Gewissen wegen besagten Schwindels. Ich bin schlecht. So schlecht. Ein richtig schlechter Mensch. Da gibt sich einer wirklich Mühe, hört zu, sieht nett aus und bringt verzweifelt ein Thema nach dem anderen auf den Kennenlernplan, und was mache ich? Ihm nach wie vor erzählen, wie viel ich Arme nicht lernen müsse. Ich beschließe, ihm direkt nach dem Lauf zu sagen, dass ich gelogen habe, dass ich Alexandra heiße, dass ich Journa-listin bin und verdammt kompliziert und böse und so. Doch als er Richtung Lietzensee abbiegt und fragt, ob ich ihn auf dem Bewertungsbogen ankreuzen und damit meine Kontaktdaten offenbaren würde, sage ich Ja. Falls er wirklich auch mich ankreuzen sollte, kann ich ihm das ja immer noch erklären. Und da er von meinem Sport-dress bestehend aus Badeshorts und Polo-Zelt und den wortkargen Antworten wohl kaum überzeugt gewesen sein kann, denke ich, hat sich das Thema erledigt.

Hat es nicht. Abends schreibt James77 alias Ben das erste Mal. »Hallo Eva. Ich habe gerade deine Kontakt-daten erhalten. Das war ja ein schöner Zufall heute Mor-gen im Schlosspark. Ich würde dir gern ein paar Restau-rants in der Stadt zeigen. Hast du diese Woche Zeit? Wie wäre Donnerstag? Gruß, Ben.« Okay, ich kann das nicht. Das mit dem Lügen. Ich heiße nicht Eva. Verdammt. Und der Ben ist so nett. Also lege ich die Karten auf den Tisch und antworte: »Lieber Ben, Zeit hätte ich morgen, Lust auch. Bevor wir uns jedoch wiedersehen, muss ich dir noch was beichten. Und kann es verstehen, wenn du mich dann nie wiedersehen willst. Ich bin keine Juristin, sondern Journalistin. Viele schreckt das privat erst mal ab. Und ich heiße nicht Eva, sondern Alexandra. Es tut mir leid. Liebe Grüße.« In der weisen Voraussicht, dass sich Ben nie wieder melden wird, schließe ich sein Kapitel gedanklich ab.

Falsch gedacht. Ben schreibt: »Journalistinnen schrecken ab? Na, wenn du meinst. Meine Cousine ist auch Journalistin. Die fand ich auch nie abschreckend, eher sympathisch. Ich könnte also Freitag oder Samstag, wenn du magst. Schönen Abend dir noch.«

Ben, Ben, Ben. Du bist wirklich zu nett. Ich muss dich sehen. Und sage gleich für Freitag zu.

Wir treffen uns am Stuttgarter Platz. Ganz ohne Hintergedanken vor der Ex-Obermaier-Langhans-Wohnung und nicht weit von Herta Heuwers historischem »Currywursterfindungs-ja-das-waren-die-Berliner-findet-euch-damit-ab-Bochumer«-Standort. Ben ist schon da. Schneidig ist das richtige Wort für ihn an diesem Abend. Das weiße Hemd liegt locker außerhalb der Hose auf jeansbedeckten Lenden, seine Haare sind so akkurat geschnitten, als habe er den Rasierer eben erst im Auto abgesetzt.

Angespannt begrüßen wir uns, ich bin unsicher, ob er mich noch mal auf den Schwindel ansprechen wird. Macht er nicht. Er führt mich zu einem Italiener in der Windscheidstraße, so einem richtig typischen mit karierten Decken und ausschließlich männlichem Servicepersonal. Wir bestellen Wein und Pasta.

Und da sitzt er mir wieder gegenüber, der Ben, reißt

71

die Augen auf und beginnt zu erzählen. Und hört nicht wieder auf. Drei Stunden redet und redet und redet Ben – und ich weiß jetzt wohl so ziemlich alles über ihn, seine Wohnung, seine Kindheit in Mönchengladbach, seine besten Freunde aus Friedrichshain, seinen Kaffee, den er sich jeden Morgen vor der Arbeit von dem kleinen türkischen Bäcker auf der Suarezstraße holt, und seinen täglichen Fitnessplan, um so auszusehen, wie er aussieht. Und über jede verdammte Baustelle Berlins, denn Ben ist ja Ingenieur, das brachte er schon in den sieben Minuten am Marheinekeplatz unter, und arbeitet bei einer ziemlich großen Baugesellschaft, die unter anderem auch den neuen Großstadtflughafen – ich nenne ihn nur noch BER Willy Brandtschutz – bewerkelt. Bens Erzähl-Highlight ist dann diese Geschichte: »Einmal, da bei uns auf der Baustelle, also das war am Potsdamer Platz, also da hat einer unserer Jungs 'ne Ampelleitung beim Bohren erwischt. Ja, und da habe ich, also ich, mitten auf der Kreuzung plötzlich den Verkehr geregelt!« Hahahaha, das sei ja so lustig gewesen, da denke er ja noch ziemlich häufig dran, sagt Ben.

Als er das erste Mal Luft holt, habe ich bereits Antipasti, jede Menge Brot mit Öl, Pasta mit Garnelen, Panna Cotta und Amarettini zum Latte verdrückt. Und bin so was von satt von Essen und Ben und dem Abend und sowieso, dass ich mich freue, als er sagt: »Boah, jetzt hab ich ja viel erzählt, ja. Ja, dann bringe ich dich mal nach Hause, ja?« Ja, bitte Ben, mach das. Vor meiner Haustür springe ich fix aus seinem Wagen, bedanke mich und wünsche ihm alles Gute.

Sieben Stunden später. 08:29 Uhr. Mein Handy piept. »Guten Morgen. Als wir uns gestern verabschiedeten, sind wir so verblieben, dass ich unseren Hund von dir grüßen soll. Wir haben aber nicht darüber gesprochen, ob wir uns weiter treffen wollen. Nach einem ersten Date fällt man natürlich auch die Entscheidung darüber, ob man sich noch einmal begegnet. Da mein Eindruck von dir positiv ist, würde ich weitere Treffen befürworten, würde jetzt auch gerne von dir wissen, ob du auch so denkst oder nicht. Was meinst du? Dann wünsche ich dir noch einen schönen Arbeitstag und ein erholsames Wochenende (oder was davon übrig bleibt)«, schreibt Ben. Da ich laufen bin, schreibe ich nicht gleich zurück. 09:47 Uhr. Ich dusche. Es piept wieder. »Sorry, ich will nicht nerven, aber eine Antwort, wenn auch nur kurz, wäre wirklich nett.«

»Lieber Ben. Mal langsam. Vielen Dank noch einmal für den Abend. Da du eine klare und direkte Antwort willst, denke ich, es ist besser, wenn wir uns nicht mehr sehen. Du bist bestimmt ein netter Mann, und davon gibt es gar nicht mal so viele. Aber ich frage mich, inwiefern dein Eindruck von mir positiv sein kann? Ich habe kein Wort von mir erzählt. Hey, das ist schon okay – aber wahrscheinlich reden wir beide zu gern, als dass wir uns ausgleichen würden. Deswegen ist es fairer, dich nicht im Ungewissen zu lassen. Hab einen schönen Tag, eine gute Reise nach Hause und viel Glück bei der weiteren Suche. Liebe Grüße und alles Gute.«

Seitdem ignoriert mich Ben, wenn ich ihn morgens im Park grüße.

Er wird nie mehr als dein bester Freund sein, wenn ...
... dir vom Essen mehr in Erinnerung geblieben ist als von ihm.

... es dich nicht gestört hat, als er von seiner Ex erzählte.

... ihr beide einfach zu nett zueinander seid.

... er dir nicht zumindest einmal das Gefühl gegeben hat, eine Frau zu sein.

... er dir das sagt.

Zweiter Versuch: Singles in the City

 »Kommt zur Felix Monday Ladies Lounge. Freier Eintritt, Prosecco und Hemingway gratis erwarten euch. Und ein Abend voll unverhoffter Gelegenheiten ...«

Ein Abend voll unverhoffter Gelegenheiten. Ja. Das kann man so sagen. Pünktlich ab 23 Uhr schiebt sich die feierwütige Gel- und Kajalparade, in der Blüte ihrer Sexualität, in den Keller des Adlon-Hotels. Schlange stehen an der Garderobe, gemeinsam die Treppen hinunter Richtung Tanzfläche und dann: so cool rumstehen, wie nur geht. Klar, dass da anfangs gar nichts läuft. Ach so, außer Vanessas Homevideos auf der Leinwand hinten.

Denn Vanessa hat Geburtstag. Und deswegen hat sie, geschätzte jetzt 19, sich die Sitzecke an der Front der Tanzfläche gemietet. Über der Vanessa-Gesellschaft flackert den ganzen Abend eine Diashow über die Wand. Vanessa mit Freund am Meer. Vanessa mit Kumpel und Magnum-Moët im Club. Vanessa im Pulli, Vanessa in Shorts und, natürlich, Vanessa im Blickdicht-wäre-übertrieben-Bikini. Immer locker, immer lasziv und immer ganz, ganz ungewollt. Bevor sich der Quoten-Hip-Hopper hinter die Turntables klemmt und dem House (»un-

74

verhofft« Nummer eins) ein Ende setzt, steht die Meute noch an den Tischen und trinkt sich fröhlich. Meine Schwägerin, eine Freundin und ich übrigens auch. Am liebsten würde ich jetzt schon gehen.

Die Einzige, die schon voll in Stimmung zu sein scheint, ist Vanessa. Im Glitzertop mit Rock und Stiefeln tanzt sie sich quiekend durch ihr Feiereck, um mal hier jemanden zu umarmen oder mal dort mit jemandem anzustoßen. Wir entscheiden, das Beste aus diesem Abend zu machen – und einfach mal loszutanzen. »Miau, drei mutige Miezekatzen«, ernten wir dafür von einem geschätzt 40-Jährigen in Cowboystiefeln (»unverhofft« Nummer zwei), der neben uns steht. Verrucht. Ob er jetzt ein zustimmendes Schnurren inklusive Tätzchen-gibt-Telefonnummer erwartet? Vielleicht ist er auch einfach nur zu unsicher, um sich was Nettes einfallen zu lassen.

Auf der Tanzfläche bekommen wir Gesellschaft von einer Truppe Italiener, die sich einfach mal direkt an uns reiben möchte. »Ciao, Ragazza, du bist die Schönste, die ich in meine Leben gesehen«, sagt ein Ranschrauber zu mir und holt eine Kamera aus seiner G-Star-Jeans. »Eine Foto, he?«, schaut er mich fragend an. »Unverhofft« Nummer drei. Abgesehen davon, dass wir nicht im Zoo sind, lügt er auch noch. Hastig tanze ich mich weg. Und sehe, wie sich ein anderer Mann über die Attacke des Italieners zu freuen scheint. Ziemlich frech grinst er mich an, prostet mir mit Longdrink in der Hand zu. Ich nicke kurz zurück – und tanze weiter. Das Grinsen war ja schon nett, muss ich zugeben. Ich gucke wieder in seine Richtung. Er aber nicht in meine. Okay, da hat es jemand verstanden, denke ich – und kontere ebenfalls mit Nichtachtung.

Angenehm normal sah er aus. Dunkles Haar, Hemd, Hose, weniger Gel als hier erwartet. Und dieses Lächeln ... Wirklich von der einen bis zur anderen Gesichtsseite. Ziemlich animierend. Fast freue ich mich öffentlich, als er später zufällig neben mir an der Bar beim Prosecco-Nachorganisieren steht. »Ohne Kleid siehst du sicher besser aus, oder?«, sagt meine Normalo-Hoffnung da. Frechdachs, das Kleid ist super! »Ne, das hat schon seinen Grund«, sage ich und quetsche mich zurück zu meinen Freundinnen. Selbst schuld. Wer nach einem festen Partner sucht, geht ja auch nicht in einen Nachtclub. Wer nach Pickup-Artists wahlweise »unverhofften Gelegenheiten« sucht, wohl schon.

Unweigerlich muss ich an diesen Berliner »Männertrainer« denken, der sich letztens in einer 24-Stunden-Reportage vor die Privatsender-Kamera rüpelte und völlig verängstigten Körper-Klausens in einem sogenannten Seminar erklärte, wie sie der Frau beim ersten Date den Nacken zu kraulen hätten. Er nannte es »Die Furcht vor der neuen feministischen Frau« erkennen und nahm für seinen Pseudo-Profi-Dienst 500 Euro pro Nase. Und von Heinz bis Hüseyin nahm der Querschnitt einer ganzen Generation – meiner Generation – daran teil. Wirklich schrecklich. Hat denn der Mann von heute die Frau von heute zu fürchten?

AUF HEISSEN KOHLEN – ODER: » WARUM LIEGT HIER EIGENTLICH STROH? «

ICH BIN EIN HIRSCH – HOLT MICH HIER RAUS!

Männer sind eigentlich immer gleich. Sie machen meistens »auf dicke Hose«, wenn sie Frauen kennenlernen wollen. Egal, ob es der G-Star-Italiener ist, der Alexandra im Club antanzt, oder Paul Finch, der »Heimscheißer« aus *American Pie*, der seiner Schulfreundin 200 Dollar dafür bezahlt, dass sie ihren Freundinnen erzählt, wie gut bestückt er doch angeblich sei. Ich mag Anzüge nicht besonders. Die Finch-Nummer gefällt mir da schon besser. Und weil ich keine Schulfreundin habe, erzähle ich in meinem Statement gleich selbst von meinem »Teil«.

Dass die Verknüpfung von »Pferd« und »Schwanz« jedoch solche Rotationen im Kopfkino der Frau auslöst, hätte ich nicht gedacht. Mein ganzes Weltbild gerät ins Wanken. Auf einmal liegt die Würze nicht mehr in der Kürze, sondern Frau findet Geschmack am Sack.

Auch das Verhältnis von Frauen und Pferden sollte grundsätzlich neu überdacht werden. Das Glück der

Erde findet sich offenbar nicht mehr auf dem Rücken der Pferde – wie es so schön heißt –, sondern klatscht beim Galopp gegen dessen Bauch. »Ferien auf dem Bauernhof« und »Tierliebe« bekommen eine ganz neue Bedeutung. Für mich steht fest: Meine Töchter werden nie *Conny* oder *Wendy* lesen dürfen!

Vielleicht sollte man auch den Frauenmagazinen mal Folgendes mitteilen: »Der Penis ist wieder ganz groß in Mode!«

Es kommt mir fast vor wie ein Pakt mit dem Teufel: Sage und schreibe 300 Mails erreichen mich in drei Tagen. Und es geht immer nur um das eine.

Hier meine Top 10:
Platz 10 geht an I. (27), die ehrlichste Frau von Köln-Kalk:

 »*AAAALTER ... hab dein persönliches Statement erst nachher gelesen ...*
ääääähmja. Whatever, suche Mann mit Pferdeschwanz, und WEHE, der ist am Kopf!«

Platz 9 gibt es für dieses nette Kompliment von R. (47) aus Stuttgart:

 »*Was für ein Statement, das hat die Welt ja noch nicht gesehen.*
Du hast ja echt einen an der Klatsche ... Aber zumindest bist du nicht langweilig.«

Auf Platz 8 steht L. (18) aus München für ihre scharfsinnige Vermutung:

78

»Du hast ja einen Beruf ... bist du ein Schauspieler?«

(Ja, liebe L., das bin ich, und du bist gerade alt genug geworden, um die Filme ansehen zu dürfen!)

Von T. (40) bekomme ich ein Bullshit-Bingo-Bußgeld aufgebrummt, das ich mit Platz 7 begleiche.

 »Also wenn sich schon ein Mann aus Berlin mit Pferdeschwanz auf mein Profil verirrt ... sollte er wenigstens 'ne Nachricht hinterlassen ...
das kostet 20 € in die Kasse für die Singlefrauenbewegung.«

Auf Platz 6 folgt N. (25), eine »Post-it-Frau« und damit der Beweis, dass es diese Kategorien wirklich gibt.

 »Hört sich ja alles sehr interessant an ... gelacht habe ich auch ... da dachte ich, ich lasse mal einen netten Gruß da ;-)«

Vorsicht, ab der TOP 5 steigt das Niveau gefährlich an, dafür geht es jetzt unter die Gürtellinie. Für die Direktheit von P. (35) muss es Platz 5 geben, mindestens!

 »Hast du gutes Material in der Hose? ;-)«

Die Ehrlichkeit von J. (26) aus Dortmund ist mir einen 4. Platz wert. Langsam kommen wir der Sache näher.

 »Bin ja nicht so die Gästebuchschreiberin, aber dein Posteingang soll voll sein, also schreib ich auf die-

sem Weg. Pferde mag ich schon mal nicht, also stehl ich sie nich ... ansonsten hab ich gegen Pferdeschwänze nix einzuwenden ... ;-)«

Platz 3 geht an S. (31), eine Frau, die zum Lachen ins Büro geht und noch Angst vorm schwarzen Mann hat:

 »So, ich habe offiziell an einem Montag im Büro gelacht :o) Ich würde ja in mein Profil reinschreiben, dass ich einen Mann mit Pferdeschwanz-Frisur suche, aber ich befürchte weitere Zuschriften der farbigen Bevölkerung, und die hab ich so schon genug :o)«

Mit dem Alter nehmen die Ansprüche und Bedürfnisse zu. Platz 2 geht an die gierige M. (49) aus Hannover. Das hat drei einfache Gründe: zu viel Information, zu viel Information, zu viel Information!

 »Wieso einen Pferdeschwanz nehmen, wenn man auch ein Ponybein haben kann? :-)«

Und jetzt – Trommelwirbel! Platz 1 geht an S. (25), eine süße Maus aus Berlin:

 *»Guten Abend, Monsieur!
Eigentlich bin ich ja gegen Mainstream. Aber bei dir muss ich mich wohl dem Trend der Frauenbewegung anschließen und dir eine Nachricht schreiben. Man muss einfach erkennen, wenn eine coole Sau zu den letzten Besuchern seiner Seite zählt :)
Würde mich über eine Antwort freuen, auch wenn*

ich zugegebenermaßen nicht auf der Suche nach einem Pferdeschwanz bin. Die passen bei mir schlicht und einfach nicht ins enge Mauselöchlein ;) Liebste Grüße«

Jetzt muss ich mir aus dem Berg von Zuschriften nur noch die tollste Frau aussuchen. Ich komme mir vor wie ein Hund, der ein ganzes Lagerhaus voller Knochen geschenkt bekommen hat. Und täglich wird der Berg größer. Die Entscheidung will weise gefällt werden. Schließlich ist mit der Liebe nicht zu spaßen. Kultiviert sollte sie auf jeden Fall sein. Und ja: auch eine Frau, auf die man sich verlassen kann, wenn man mal krank ist. Ein Wertegerüst wäre auch nicht schlecht. Ich überlege lange und entscheide mich nach zwei Kriterien für die Frau meiner Wahl.

1. Sie zickt nicht rum.
2. Sie sieht geil aus.

Gestatten: Volljuristin, 29 Jahre alt, blond und süß (Teil 1)

Warum kompliziert, wenn es auch leicht geht? Manchmal macht es einfach »klick«. Man öffnet ein Profil, denkt sich »wow!«, schreibt sich ein paar Zeilen und weiß sofort: Hier stimmt die Chemie. Man reitet auf der gleichen Welle, ein Date muss her, aber schnell. »Esmeralda« heißt sie, 29 Jahre alt, Juristin aus Berlin, blonde Haare, Stupsnäschen und süßer Blick. In ihrem Statement winkt sie mit dem Zaunpfahl:

»Wenn du Abenteuer willst, dann folge mir in den Wald.«

Das lässt sich der Hirsch nicht zwei Mal sagen. Ich trabe ja schon ganz brav ...

Es ist kurz nach neun Uhr morgens, als sie mich anschreibt. Ich vermute bei ihr einen vielversprechenden akuten Fall von »hormoneller Bettflucht«.

 esmeralda29

13. Oktober 2011, 09:17 Uhr

Hallo, was machst du so im Leben?

HansiHirsch31

13. Oktober 2011, 09:21 Uhr

Verrate du mir erst, was im Wald passiert!

esmeralda29

13. Oktober 2011, 09:23 Uhr

Aber das habe ich schon: das Abenteuer.

HansiHirsch31

13. Oktober 2011, 09:30 Uhr

Eher Blair Witch Project oder Unterm Dirndl wird gejodelt? :)

esmeralda29

13. Oktober 2011, 09:34 Uhr

Ahaha, keins davon. Mit der Fluppe im Mund und dem leicht nach vorne gereckten Köpfchen erinnerst du mich irgendwie an Leonardo DiCaprio, Hansi!

HansiHirsch31

13. Oktober 2011, 09:40 Uhr

Dann: Catch me if you can!

HansiHirsch31

13. Oktober 2011, 09:43 Uhr

82

Was machst du denn nun genau? Noch im Referendariat oder schon arbeiten? Bei Letzterem surfst du ja gerade am Arbeitsplatz und setzt dich der Gefahr einer Abmahnung aus. Du bist zwar abenteuerlustig, aber doch auch vorsichtig, wie dein Blick auf dem Foto beweist. Deshalb tippe ich auf Ersteres!

esmeralda29

13. Oktober 2011, 09:52 Uhr

Nein, lieber Hansi. Ich bin seit zwei Jahren Richterin und war gerade längere Zeit im Urlaub.

HansiHirsch31

13. Oktober 2011, 09:57 Uhr

Wie schön. Wo warst du denn? Und hast du auch ein paar Urlaubsabenteuer zu berichten?

esmeralda29

13. Oktober 2011, 10:02 Uhr

Ich war mit einer Freundin in Portugal. In einem Haus am Meer. War sehr schön. Frag nicht so viel! Zurzeit bewerbe ich mich übrigens für einen neuen Job. Muss morgen noch zum Friseur und ins Fotostudio.

HansiHirsch31

13. Oktober 2011, 10:04 Uhr

Und wie wär's, wir treffen uns zwischen Friseur und Fotostudio mal, um deine Zukunftspläne zu erörtern?

esmeralda29

13. Oktober 2011, 10:11 Uhr

Du stichst hier heraus. Ich würde dieses seltene Prädikat im Live-Zustand eruieren wollen :-)

HansiHirsch31

13. Oktober 2011, 10:18 Uhr
Fein. Nächsten Samstag ab 19 Uhr wäre gut. Kennst
du das Macondo am Boxhagener Platz schon?
esmeralda29
13. Oktober 2011, 10:27 Uhr
Sehr schön. Damit sind wir jetzt verabredet. Willst
du mir deine Nummer geben?

Bis Samstag ist allerdings noch eine Woche Zeit. Da bekomme ich sicher noch ein paar Mädels in meinem Ter-
minkalender unter. Die Brust ist stolz geschwellt, und ich
trage die Nase ein Stockwerk höher.

Professor Lara Croft (31) sucht Egoshooter

Als Kind guckte ich immer gerne Cartoons auf Tele 5.
Wenn meine Eltern außer Haus waren. Denn eigentlich
waren *He-Man, Saber Rider* und *Defenders of the Earth*
für mich verboten. »Zu viel Gewalt«, sagte meine Mutter. Für mich gibt es seitdem nur männliche Helden.
Den durchschaubaren Versuch von politisch korrekten
Cartoon-Produzenten, weibliche Superheldinnen zu er-
finden, nahm ich nie ernst. *She-Ra* oder *Mila Superstar*
waren für mich sendezeitfüllende Pseudoprogramme,
um in den Werbepausen auch Puppen zu verkaufen.
Nach meiner traditionell-abendländischen Vorstellung
gibt es keine Heldinnen. Außer: Lara Croft.

Ich sitze im vereinbarten Café hinter meiner Zeitung vergraben und warte auf »Biene« (32) aus Berlin.
Blonde Strähnen, mittelgroß. Forscherin, auf der Suche
nach einer festen Partnerschaft, joggt und tanzt gern.

Lieblingsstädte: Barcelona, Paris. Musik: System of a Down.

Ich warte auf eine ganz normale junge Frau.

Herein kommt: die Lara Croft der Deutschen Forschungsgemeinschaft.

Sie sucht: einen Egoshooter.

Für: die ganz große Mission.

Level 0 – Der Test

Videospiele beginnen nicht gleich mit Mission 1. Erst beginnt die Einführungssequenz: Body- und Waffencheck! Ausbildungs- und Intelligenztest! Missionsplan! »Biene« nimmt nicht jeden als Player 2. Erst muss ich zeigen, ob ich mit ihr mithalten kann. Zehn Kandidaten hatte sie schon. Alle sind gescheitert. Einer telefonierte 20 Minuten mit seinem Anwalt wegen 15 Euro Mieterhöhung (»nur kurz, das ist wichtig«). Ein anderer fand Thilo Sarrazin gut.

Wir beginnen mit Testfeld 1, dem »Bodycheck«.

Sie legt vor: »Gott, hab überall Muskelkater. Samstag Wannsee, Sonntag Joggen, Montag Capoeira, Dienstag Tennisstunde.« Sie habe schon immer extrem viel Sport gemacht, sagt sie. Sie könne sogar einen Spagat, seit sie als kleines Mädchen vom Schwebebalken gerutscht ist. »Und was machst du so für Sport?«

Meine Sportlerkarriere zieht im Zeitraffer vor meinem inneren Auge vorbei. Ich muss schlucken. Mit sieben falle ich auf dem Weg zum Bauern vom Fahrrad, weil sich die Milchkanne zwischen Lenker und Bein verkeilt. Armbruch links. Mit zwölf falle ich beim Schulsport von den Ringen. Wieder Armbruch links. Mit 17 verwechsele ich beim Skifahren die flache mit der steilen Sprungschanze. Ich sehe noch den blauen Himmel beim Hochfliegen und wache im roten Schnee auf. Gesichtslandung, Schwellungen wie das Michelin-Männchen nach einer Weizenbierkur, Halskrause für acht Wochen.

»Öh, etwas Laufen und Fitnesstraining«, sage ich mit Welpenblick, nicke und nehme einen Schluck von meinem »Sportlergetränk«. Sie guckt mich an, als hätte ich die halbe Zuckerdose geschnieft. »Mache aber gerade etwas Pause«, schiebe ich treu guckend hinterher und wische mir den Bierschaum von der Oberlippe. Sie lächelt milde und bestellt sich ein Mineralwasser. Ein stilles.

Bienchen Croft könnte vermutlich aus dem Stand zwei Meter in die Luft springen und mit einem Seitwärts-Dropkick drei Außerirdische außer Gefecht setzen, während sie – noch immer in der Luft – bei einem doppelten Salto vorwärts noch ihre Pistole zückt und uns den Weg in Level 2 freischießt. Und auch mich könnte sie mit einem Kick umnieten. Wie einen kleinen Killerpilz, für den es nur 50 Punkte gibt.

Aber genauso ist leider für sie klar: Mein sportliches Können ist arg begrenzt. Was ich am besten kann, ist vermutlich, in dem Tal zwischen der vierten und fünften Bauchfalte Dinge verschwinden zu lassen. Zum Beispiel die drei Bierdeckel auf dem Tisch, das *SZ-Magazin*, das auf der Bank neben uns liegt, und das Playmobildorf aus der Kinderecke des Cafés, mitsamt Kühen und Schafen. Und noch etwas kann ich: Ich kann nach zwei Schluck Bier etwa fünf Sekunden lang rülpsen.

(Mach ich aber natürlich gerade nicht – bin ja bescheiden).

Ihr mildes Lächeln will mir Folgendes sagen: »Player 2 hat gerade ein Leben verloren.«

Testfeld 2: Ausbildung und Intelligenz
Um mit Lara Croft die Welt zu retten, bedarf es auch einiger geistiger Kompetenzen. Frau Juniorprofessor hat natürlich studiert und promoviert. Mit den Diplomen, die sie erworben hat, könnte man mühelos das Café neu tapezieren (was angesichts der Graffiti-Herzchen amerikanischer Touristen auch dringend notwendig wäre). Medizin war mit dabei, da sei sie mal mit einem Skelett im Zug ans Meer gefahren, um am Strand Knochen auswendig zu lernen. Kunstgeschichte und Journalismus nahm sie im Vorübergehen mit, bis sie bei Physik und Chemie landete, ihren aktuellen Fächern. Gerade ist sie in einem Forschungsprojekt über die Vernichtung von chemischen Waffen beschäftigt. Dabei ist sie auch noch etwas in der Welt herumgekommen: Tübingen, Heidelberg, Zürich, London, Berkeley, Shanghai. Die Biene hat Hummeln im Hintern. »Und du so?«

Puh, können wir nicht über etwas anderes reden?, flehe ich innerlich. Mit meinen Mathekenntnissen kann ich jetzt schlecht prahlen. In der ersten Klasse, als die Schulaufgaben noch »Proben« hießen, kam ich – ohne Witz – bei der ersten Aufgabe, die »1 + 1« lautete, auf: »3«. Ich war fest davon überzeugt, das Pluszeichen auch noch mitzählen zu müssen. Verdammt, sie beseitigt Chemiewaffen! Sie ist die weibliche Version von MacGyver und könnte aus einem Tampon und ihrem String-Tanga vermutlich eine Waffenvernichtungsmaschine herstellen. Und ich? Ich wirke wie MacGyvers dicklicher und glatzköpfiger Partner Pete Thornton, der ständig aus irgendeinem Schlamassel gerettet werden muss.

»Äh, Jura«, sage ich. »München ...«

Da ist es wieder, das milde Krankenschwesternlächeln, als wollte sie vor dem Blutabnehmen sagen: »Das piekt nur kurz, dann ist es wieder gut.« Sie duckt den Kopf, als erwarte sie, dass da noch mehr von mir kommt. Vielleicht denkt sie auch: Wann kommt endlich das blöde Sondereinsatzkommando aus der Coke-Zero-Werbung und holt mich hier raus?

»Und ... äh, Regensburg«, stammele ich noch heraus, als würde das etwas ändern. Immerhin kann ich ihr verschweigen, dass ein österreichischer Dichter mal behauptet hat, in dieser Stadt werde seit 1000 Jahren der Stumpfsinn warm gestellt.

Sie nickt anerkennend. Ich spüre, wie mein letztes Leben verloren geht.

Und stelle mir die Videospielfrage.

Weitermachen? Bitte werfen Sie eine Münze ein. 9, 8, 7, 6, 5 ... ich müsste jetzt was nachlegen, 4, 3, 2, 1 ... »äh, dann zahle ich mal«, sage ich.

– Game Over –

Abends telefoniere ich mit einem Freund: »Ja, sie war schon ganz nett und wäre auch interessiert an mir, aber ich glaube, sie sucht was Festes.«

Dass Männer sich vor Heldenfrauen fürchten, ist ein Märchen.

Gestatten: Volljuristin, 29 Jahre, blond und süß (Teil 2)

»Nie und nimmer ist das die Frau aus dem Internet«, denke ich mir. Jemand steht vor dem vereinbarten Café und blickt mich erwartungsvoll an, während ich noch 100 Meter entfernt bin und auf sie zugehen muss.

Ich summe »dieser Weg wird kein leichter sein, dieser Weg wird steinig und schwer« und marschiere los.

Es ist einer dieser »Never-ending-road«-Momente. Man läuft aufeinander zu, und es kommt einem vor, als würde ein Riesenkaugummi unter jedem Schuh den nächsten Schritt behindern. Jeder Schritt ein Ereignis, jeder Blick ein Verhängnis. Ich gucke auf sie, dann auf den Boden, dann ins Nirgendwo. Das ist sie doch nicht. Oder doch? Zu spät, sie lächelt mich erwartungsvoll an. Noch 50 Meter bis zu ihr, und sie ist immer noch »far from nice« statt »nice from far«. Inzwischen kommt es mir vor, als würde ich bei jedem Schritt in einer großen Sanddüne versinken. Kann ich nicht in ein Gullyloch fallen, hinter eine Hecke hechten oder von der Russenmafia Ostberlins in einen graffiti-zugesprayten Hauseingang gezogen werden? Wenn ich doch wenigstens meinen enttäuschten Blick mit einem Lächeln überspielen könnte. Dann stehe ich vor ihr.

Die Frau aus dem Internet ist das immer noch nicht.

Da hatte sie blonde Haare, ein Stupsnäschen mit Sommersprossen und blickte mit großen, wasserblauen Augen verletzlich in die Kamera, als wollte sie sagen: »Nimm mich hart, aber tu mir nicht weh.« Vor mir steht nun eine Mischung aus dem Rumpelstilzchen in dem

Film *Werner – Beinhart!*, einem Streifenhörnchen und: dem Sams. Wohlgemerkt: dem Sams nach zwölf Runden Boxen mit Lara Croft. Dass sie beim Friseur war, sieht man. Leider. Kein haselnussbraun, nirgends. Nur ein paar schwarz-blonde Strähnen im »Mandy-aus-Marzahn«-Style. Kind, wer hat dich nur so zugerichtet, will ich am liebsten fragen, verkneife es mir aber.

»Wenn du Abenteuer willst, dann folge mir in den Wald.« Haha.

Juristinnen zu daten ist ein heikles Geschäft. Eigentlich hätte ich es mir denken können. Denn das ist kein Date.

Verhandlungsort: Macondo Café, Boxhagener Platz, Berlin-Friedrichshain.

Zeit: 20 Uhr.

Vorsitzende Richterin: das Sams.

Schöffen Nr. 1: ein Pärchen aus Israel in der Ecke links, zwei Latte Macchiato (»Lieblingssatz: Oh my god, that's so awesome, that's cooo-oo-ool«).

Schöffe Nr. 2: ein Macbook-Hipster mit Bart und Palästinensertuch (kleines Pils), sitzend auf der großen Oma-Couch vor dem Klavier.

Schöffin Nr. 3: die Barfrau.

1. Aufruf der Sache, Personalien

Mir geht der Anfang aus Kafkas *Der Prozess* durch den Kopf: »Jemand musste Josef K. verleumdet haben, denn ohne dass er etwas Böses getan hätte, wurde er eines Morgens verhaftet.« Die Rolle des Ungeziefers aus der Novelle *Die Verwandlung* ist ja leider schon besetzt. »Name, Fami-

90

lienstand, Beruf?«, schallt es mir entgegen. Ich gebe mich ebenfalls als Jurist zu erkennen. Das hätte ich mal besser nicht tun sollen.

Das Sams fängt an zu überlegen. Sie legt den Kopf schief. Denkt sie jetzt etwas? Jedenfalls bewegt sich ihr mit Make-up zugegipstes Gesicht hinter der Maske ein wenig. Dann hellt sich die Maske auf. Sie fasst sich an den Kopf und ruft: »Krass!«, und »Das hätte ich jetzt nicht gedacht«, und »Das kann ich ja gar nicht glauben, dass du auch Jurist bist!«

Großer Tumult im Gerichtssaal (dem Schöffen Nr. 2 ist gerade das Bier auf die Tastatur gekippt).

2. Verlesung der Anklageschrift

Ich nehme einen Schluck aus dem Bierglas. Meine Verhörsperson bietet mir eine Zigarette an. »Du hast bei mir eine Zigarettenflatrate«, sagt sie und lächelt. Und: »Echt krass, kann das immer noch nicht glauben.« Verdammt, denke ich. Das machen gute Cops auch immer, wenn sie an Informationen wollen.

Dann wird mir der Tatvorwurf eröffnet: »Krass, dann kennst du ja die gleichen Leute wie ich, wenn du auch Referendar bist. Das hätte ich jetzt nicht gedacht! Okay, und mit wie vielen Kolleginnen hast du schon geschlafen?«

Da wird mir Gentleman der alten Schule und ehemaligem Messdiener doch tatsächlich schon wieder die massenweise Verführung von Kolleginnen zur Last gelegt.

3. Beweisaufnahme

»War natürlich mit allen im Bett«, sage ich ihr. Ein Geständnis im frühen Verfahrensstadium sollte meine Situation doch merklich verbessern, denke ich. Leider Fehlanzeige. Jetzt will sie es ganz genau wissen: »Jetzt sag schon, wie viele? Und mit wem?« Dass es auf dieser Welt aufregendere Sachen geben könnte, als Sex mit angehenden Juristinnen zu haben, die bei dem Paragrafenzeichen – anders als ich – sicher nicht an die Löffelchenstellung denken, scheint ihr nicht in den Sinn zu kommen. »Juristinnen haben doch Prinzipien. Die würden sich mit jemandem wie mir gar nicht einlassen. Kennst doch die Leute. Du warst jedenfalls noch nicht dabei. Glaube ich.« Ich versuche, mich mit einer Ehrenrettung für die Spezies aller aufstiegswilligen Mittelstandsmädchen mit Perlohrringen aus der Affäre zu ziehen.

4. Eine überraschende Wendung
Es gibt einen Grund, warum ich ungern Juristinnen treffe. Das Problem liegt darin, dass die meisten sich für ziemlich geistvoll halten, ihr Juristendasein aber nicht ablegen können. Letzteres ist aber absolute Grundvoraussetzung, um ein anregendes Gespräch zu führen. Denn wer in Tatbestand und Rechtsfolge denkt, kann sich nicht auf ein Gespräch einlassen, das von Andeutungen, doppelten Böden, Ironie, neckischem Nachfragen usw. lebt. Oder wie Balzac schreibt: »Krämerseelen können das elegante Leben nicht begreifen.«

Wer Jura studiert, will den Dingen auf den Grund gehen. Man lernt, jedes Wort zu gewichten, Begriffe zu definieren, einen Sachverhalt unter einen Rechtssatz zu ziehen. Denn nur dann kann ein Ergebnis gebildet werden. Deshalb will auch das Sams dauernd Ergebnisaussagen von mir: »Was willst du denn nun wirklich?«, »Was verstehst du unter Abenteuer?« Mal versucht sie es mit Vorwürfen (»Man weiß bei dir nie, woran man ist.«), mal mit offener Provokation (»Du bist gerade so in deiner Sturm-und-Drang-Phase, stimmt's?«).

Hört das denn gar nicht mehr auf? Übertriebene Neugier pariert man ja am besten mit Pseudoehrlichkeit.

»Du, ich will eigentlich nur mit dir ins Bett.«

Jetzt hat das Sams aber plötzlich sehr große Augen bekommen, denke ich. Was macht sie nun? Steht sie auf? Geht sie? Klatscht mir eine? Sie wirft die Haare zurück, guckt in den Kneipenhimmel und dann auf mich.

»Und, was willst du später mal werden?«

5. Offene Aussprache im Richterzimmer
Wenn Juristen über sich sprechen, gibt es einen Knigge. Denn es gibt eine Frage, die man Juristen nie und nimmer stellen darf. Das ist die Frage nach der Examensnote. Die Examensnote ist das Heiligtum, das Unaussprechliche, das Geheimnis, das Juwel schlechthin. Sie entscheidet darüber, ob man in den finanziellen Juristenhimmel kommt oder nicht. Nach der Note fragt man also nicht. Das ist so wie nach der Penislänge oder Körbchengröße. Da lässt man sich auch irgendwie überraschen. Juristen wären aber nicht Juristen, wenn sie nicht trotzdem Wege fänden herauszubekommen, wo der andere karrieremäßig steht. Denn Juristen sind neugierig und manchmal verdammt gewieft im Fragen. Das Sams auch.

»Und was hattest du so im Examen?«

Ich sehe vor meinem geistigen Auge die Klinge einer Guillotine auf mich niedersausen. Die Todesstrafe war doch abgeschafft, oder?

6. Antrag auf Vertagung der Hauptverhandlung

Gibt es nicht etwas anderes, worüber man reden könnte? Ich ziehe die Reißleine, los muss ich ohnehin.

»Wie, Party? Das kannst du doch jetzt nicht einfach so machen«, blökt sie mich an. Hatte ich das noch nicht erwähnt? Och, das tut mir aber leid! »Mein Samstagabend ist ruiniert, aber sonst geht's mir gut«, nuschelt sie in ihr Glas und versucht noch, mich mit einem Laserstrahlblick zu töten.

»Oh my god, that's so awesome!« Schöffenpärchen Nr. 1 hat in einem Berlin-Reiseführer die Seite mit den Burgerläden entdeckt.

»Warte, eine Frage habe ich noch.« Das ist der Columbo-Trick, denke ich. Wie bei dem Trenchcoat-Kommissar mit dem Chamäleonblick kommt immer noch eine letzte, alles entscheidende Frage. Ich erwarte ein Angebot für einen »Deal« à la »Hirschi verpflichtet sich freiwillig, sich für immer vom Sams fernzuhalten«. Und danach ein »Berufung wird nicht zugelassen. Die Verhandlung ist geschlossen.«

Aber sie erspart mir nichts:

»Und, wie lautet dein Tenor?«

Ich wünsche mir die Guillotine, den Scheiterhaufen und das Vierteilen auf einmal und verlasse den Gerichtssaal.

Bei unserem letzten Treffen war Milosz ziemlich gut gelaunt. Seine »Hansi-Hirsch«-Nummer scheint tatsächlich zu funktionieren. Ich freue mich dennoch, nicht eine der Frauen zu sein, die auf »Suchst du Mann mit Pferdeschwanz?« mit »Gilt auch ›Suche nur Letzteres‹?« antworten muss. Außerdem beschäftigt mich gerade diese Mail:

 »Laut Sabine kannst du mehr Grillfleisch verdrücken als ein Drei-Zentner-Bauarbeiter, beeindruckend. Ich bin stubenrein, kinderlieb und kann dazu noch ganz gut kochen – könnte also passen. Wenn du auch Lust hast, mich mal kennenzulernen, freue ich mich über eine Antwort. LG, Jürgen.«

Eine Empfehlung von guten Freunden. Besser geht's doch nicht. Der Jürgen dürfte also weder gesessen noch schon mal betrogen haben. Ich freue mich sehr auf das Treffen. Schade nur, dass es zum kompletten Desaster gerät.

Wir verabreden uns am Gendarmenmarkt. Es ist Sommer, es ist heiß und herrlich und verlangt danach, sich nackt auf dem Balkon Mangoscheiben in den Mund zu schieben. Hätte ich vielleicht nicht so ausgiebig tun sollen – es dauert doch etwas länger, sich in Charlottenburg in Kleid und U-Bahn zu werfen, als ich dachte. Ich bin also zu spät. Und Jürgen steht schon da. Vor dem »Ritter-Sport«-Laden in der Französischen Straße – wo man sich die Schokoquadrate selbst mischen lassen kann. »Hey, da bist du ja«, sagt Jürgen. Und: »Kein Problem, hier gibt's ja genug zu gucken«, mit Fingerzeig ins Schaufenster. Wie recht er hat! Und wie nett er aussieht! Groß, sportlich, dunkelblond. Ein bisschen wie Markus Lanz. Ach, Markus. Du bist ja auch so nett! Wirklich. Und diese Reise mit den Hunden ... Du machst mich fertig. Aber gut, zurück zu Jürgen.

Wir laufen Richtung Deutscher Dom, setzen uns in die Sonne auf so ein Lounge-Gartenmöbel-Teil eines der Touri-Cafés und erzählen. Jürgen hat eine eigene Film-produktionsfirma, die Werbespots herstellt. Und davon redet er auch gern. Während ich Milchschaumbecher für Milchschaumbecher löffle, erfahre ich also, wie gewieft er das alles auf die Beine gestellt hat. Auf den ersten Ein-druck wirkte Jürgen zwar weniger überzeugt von seiner Macher-Mentalität, aber gut, ich freue mich ja, wenn er stolz auf seine Arbeit ist. Und sein kann.

Und dann, mitten beim Part mit den Superkontak-ten, die er beim Betrinken in der »King Size Bar« geknüpft hat, passiert es. Patsch. Ein Riesenklacks Vogelmistab-fallzeugs landet auf meinem Kleid. Rechts über der Brust, äußerst dekorativ. Ich muss ziemlich lachen, Jürgen auch, der Kellner mit den Hilfs-Servietten sowieso. »Okay, das ist wohl ein deutliches Zeichen zu gehen und mir das Zeug von der Brust zu waschen«, sage ich. »Hey, na, das wär doch schade – du kannst gern kurz hoch zu mir in meine neue Wohnung, dich sauber machen, und dann gehen wir essen«, sagt Jürgen. Ich unterdrücke kurz den Gedanken an den Kumpel meines Bruders, der seine Mädchen immer in die Badewanne setzt, bevor er im Schlafzimmer über sie herfällt, und dass ich ein Prinzip namens »Nicht mit nach Hause gehen« habe – und willige ein. Wie Jürgen sagte, steht die Wohnung ja auch noch leer, und wir sind hoffentlich schnell wieder zum Essen draußen.

Jürgen hat sich eine Penthouse-Wohnung in der Behrenstraße gekauft. Durch einen Eingang auf der Friedrichstraße laufen wir zu Haustür und Fahrstuhl, der uns nach ganz oben fährt. Jürgen ist das erste Mal still an diesem Tag, klimpert nur mit dem Schlüssel in der Hand. Ich starre die Stahltür neben den Etagenknöpfen an. »Jaaa, so, das ist sie«, sagt Jürgen, als wir oben sind, und schließt die erste Tür im Gang rechts auf. Erleichtert sehe ich, dass die Wohnung tatsächlich leer ist. Ein großes Wohnzimmer, heller Parkettboden, Fenster bis zur Erde und eine Küche in der unteren Etage empfangen uns. In der einen Ecke führt eine Wendeltreppe nach oben, da muss wohl das Bad sein. »Warte, ich zeig es dir«, sagt Jürgen und schiebt mich Richtung Treppe. Er lässt mich vor sich hochgehen – was ich nie wieder tun wollte, nachdem Milosz mir erklärt hat, dass das selten mit Höflichkeit zu tun hat –, und ich merke zu spät, dass da oben auch das Schlafzimmer ist. Und dass Jürgen da was aufgebaut hat. Und dass er direkt hinter mir steht und mir plötzlich luftfeucht in den Nacken atmet.

In dem großen Raum mit Außenbalkon steht nichts – außer in der Mitte. Da liegt eine Matratze auf dem Boden. Und davor steht eine Kamera. Mit Stativ. Und zwei Scheinwerfern, die auf das Behelfsbett gerichtet sind. Ich fasse es nicht.

»Ähm, das ist jetzt ein Scherz, oder?!«, frage ich Jürgen, nachdem ich im ersten Moment erst mal lachen muss. Weil das einfach zu skurril wirkt. Gut, und weil ich mal wieder unfassbar naiv war.

»Wieso?«, fragt Jürgen, zieht das »i« und das »o« dabei lang und guckt Unschulds-Mann-mäßig. Er tritt einen Schritt zurück. »Äh, ich muss weg«, sage ich und greife zum Geländer. »Hey, okay, ich geb zu, das kommt jetzt komisch rüber«, sagt Jürgen, »aber das ist nur meine Ausrüstung, die ich schon rübergebracht habe.«

Nee, ist klar. Oh Gott. Aus der Wohnung von Kamera-Jürgen bin ich schneller raus, als er gehofft hat, »drin« zu sein. Und »Ich-geb-dir-nen-super-Tipp«-Freundin Sabine, die habe ich bis heute nicht wiedergesehen.

Ich schaue doch mal wieder nach einer Anzeige.

Der mit dem Haus am Meer

 »Haus am Meer/mediterran. Gut aussehender, jung gebliebener 53-jähriger Akademiker (ehemaliger Unternehmer), romantisch, südländischer Typ, NR, 1,78 m, Genusssportler, vielseitig interessiert, sucht liebevolle, zärtliche Partnerin (30–50 Jahre), bitte mit Bild. xxprivat@web.de oder #BM4276, Berliner Morgenpost, 10445 Berlin.«

Ich gebe zu: 53 ist jetzt nicht mehr allzu »jung geblieben«. Also, von meinem Altersstandpunkt aus betrachtet. Und statistisch gesehen stirbt der Mann mit dem Haus am Meer in 29 Jahren. Was ja nicht mehr allzu lang ist. Aber wer weiß, vielleicht ist der so liebevoll und »younger than ever« wie mein Vater? Okay, da haben wir ihn. Den Vergleich zu meinem Vater …

Mit Ödipus oder Elektra hat das natürlich überhaupt nichts zu tun. Mein Vaterkomplex bewegt sich noch im gesunden Bereich, würde ich sagen. Der Vergleich liegt einfach deshalb nahe, weil der Gute mit dem Haus am Meer rein alterstheoretisch mein Vater sein könnte. Egal. Nachdem ich es nun bei den Männern meines Alters versucht habe – und bei Knast-Kevin, Kamera-Jürgen und Bauklotz-Ben gelandet bin –, schiebe ich den Gedanken an Freud zur Seite und schreibe:

 »Lieber Unbekannter, sonntags gibt es für mich immer einen Moment, auf den ich mich nach Sport und einem guten Frühstück sehr freue: in Ruhe die Zeitung zu lesen. Dabei bin ich gestern auf deine Anzeige gestoßen ... Und da mich die Attribute ›Genusssportler‹ und ›vielseitig interessiert‹ sehr angesprochen haben, dachte ich, ich melde mich einfach mal. Das ist sonst nicht meine Art, aber ich würde gern einen Mann kennenlernen, von dem ich etwas lernen kann, der sich mit mir messen kann und dem ich eine fröhliche, aktive (ja, auch ich bin ›Genusssportlerin‹ und ›vielseitig interessiert‹) Frau sein darf. Vielleicht gefallen dir meine ersten Worte, ich würde mich freuen und bin sehr neugierig, von dir zu hören. Hab einen guten Start in die Woche, Alexandra aus Berlin.«

Ich hänge noch das verlangte Bild an und warte möglichst nicht auf eine Antwort. Das ist wie mit »Denken Sie jetzt bitte nicht an einen rosa Elefanten« – denn ja, natürlich warte ich. Und schaue alle zehn Minuten ins E-Mail-Postfach. Gut, alle fünf. Was soll's, alle zwei.

Zack, da kommt die Antwort. Weniger als eine Stunde später. Also mit dem Internet kann er schon mal.

 »Hallo, ich wollte gerade in die Küche wandern und mir etwas kochen. Vorher schaute ich noch in meinen PC und war von deiner Mail sehr positiv überrascht. Deine Zeilen verraten mir, dass hinter dem Brief ein toller Charakter stecken muss.«

Ach.

 »Dann schaute ich noch dein Bild an (Dank hierfür) und sah, welche wunderbar schöne Frau mir geschrieben hat. Wenn du mit dem Altersunterschied keine Probleme hast, ich habe sie bestimmt nicht.«

Ach was.

 »Es ist auch toll, wenn man sich bereits in den jungen Jahren Ziele setzt und sich davon nicht abbringen lässt. Ich bin seit meinem 24. Lebensjahr selbstständig und weiß ganz genau, was es heißt, sein Privatleben zurückzustellen. Nun ist für mich aber der Moment gekommen, mehr das eigentliche Leben in den Vordergrund zu stellen. Dies ist auch die Gelegenheit, mit einem passenden Partner an der Seite neu anzufangen. Bitte sei so nett und schau dir meine private Webseite an.«

Er hat eine eigene Webseite, das ist ja mal praktisch. Ich klicke sofort auf den Link. Und komme zu einer im klaren Grau gehaltenen Homepage inklusive Foto und Kurzbeschreibung von Peter. Ja, nett sieht der aus. Volle dunkle Haare, die nur ein klein bisschen grau meliert sind, anmeliert vielleicht, braungrüne Augen, das lässt sich nicht so genau sagen, und braun gebrannte Haut. Mit ein paar Falten, okay. Angefaltet könnte man ihn nennen. Das Ganze ist auf einem Porträt von Peter mit dunkelblauer Leinwand dahinter, so eins in der Art, wie es hier um die Ecke bei Finchen's Fotostudio im Fenster hängt, zu erkennen.

Ich scrolle runter. Peter beschreibt ziemlich genau, was er gern mag, wer er ist, wo er derzeit wohnt und wie die Frau sein sollte, die er sucht. Er hat quasi keine Kontaktanzeige, sondern eine Kontaktanzeigen-Homepage. Scheint dringend zu sein.

»Du solltest eine liebevolle, zärtliche und intelligente Frau sein und einige meiner Sportarten (Tennis, Golf, Radfahren, Ski Alpin, Bergwandern, lange Spaziergänge, Reiten, Schwimmen, Joggen, Tischtennis ...) und Vorlieben (gute Gespräche, gutes Essen, guter Wein) teilen. Du hast außerdem eine positive Lebenseinstellung, eine schlanke Figur sowie eine gepflegte Haut. Dein ideales Alter liegt zwischen 30 und 45 Jahren.«

Ich bin zu jung für ihn. Ein toller Satz.

Unten steht noch ein Link zu weiteren Fotos. Peter im Smoking, Peter auf Pferd, Peter auf springendem Pferd, Peter vor Stein, Peter vor Terracotta-Treppe, Peter in Radlerhose und T-Shirt, ganz ungestellt vor dem Saunabereich. Ach ja, und Peter auf einer Rattanliege (nicht ganz »Unopiu«, aber auf dem Weg dahin). Mit nacktem Oberkörper. In Lederhose. Conclusio: Peter hat Haare. Uah, das wird mir ein bisschen viel jetzt. Schnell klicke ich auf den Button »Haus am Meer«. »Zur Zeit bin ich dabei, mein Haus zu verkaufen und ein neues Haus am Meer zu kaufen«, schreibt Peter. »Es stehen hier einige Optionen zur Auswahl. Diese möchte ich gerne mit meiner neuen Partnerin gemeinsam diskutieren und festlegen.« Und wenn Peter keine neue Partnerin findet, frage ich mich? Kein Haus am Meer?

»Wenn dich mein unternehmerischer Werdegang interessiert, dann kannst du auch gerne auf meiner Firmenwebseite nachschauen.«

Mache ich. Der Link führt zu einem »Elektronik-Unternehmen für praktische Alltagshilfen«. Peter hat sein Geld mit Klimaanlagen gemacht, als »gelernter Industriekaufmann und Betriebs- und Marktwirt HWL«. Dann hat er augenscheinlich auf E-Mobility umgesattelt, auf der Seite springen einem Elektroscooter, Handyhilfen und Treppenlifte entgegen. Teilweise mit Peter auf dem Polster, der aus einer Sprechblase heraus Dinge wie »Es ist schön warm hier drinnen« oder »Mit uns fahren Sie immer eine Spur besser« sagt.

Dass er laut Internetseite in der Verwaltung körperlich schwerbehinderte Menschen beschäftigt, macht mich wiederum neugierig.

»Es würde mich sehr freuen, wenn du dich anschließend wieder melden würdest«, schreibt Peter am Ende seiner Mail. Und dass er liebe Grüße aus dem Süden sendet, wo es vor einer Stunde angefangen habe zu schneien.

Ich melde mich wieder. Und frage ihn nach seinen Mitarbeitern, seiner Motivation für die Homepage und seinen bisherigen Erfahrungen aus. Vielleicht ein wenig zu forsch. Peter schreibt nicht mehr zurück. Nicht nach zwei, nicht nach fünf, auch nicht nach zehn Minuten. Einfach gar nicht mehr.

Dann widme ich mich doch mal einer, sagen wir, besonderen Anzeige.

Aujourd'hui: Ménage

 »Statt BAföG: Paar (unter 40, deutsch, gut aussehend, finanziell unabhängig) sucht eine hübsche Studentin oder Frau bis 30 Jahre für regelmäßige Treffen (safe). Wir haben ein wenig 3er-Erfahrung und suchen eine Hausfreundin für mehr. Wenn du denkst, dass du dafür zu schüchtern bist, bist du die Richtige, mail uns, keine Profis. kuschelstudentin@ xyz.com.«

Ja, ich bin dafür zu schüchtern. Und ja, ich bin kein Profi. Also, was meine Verdienstwege angeht und so. Passt also insofern schon mal. Obwohl ich mir noch nicht genau vorstellen kann, was es bedeuten könnte, die kleine »Hausfreundin« dieses Paares zu spielen. Obwohl … Nein. Völlig absurd. Aber versuchen und kennenlernen kann man die beiden ja trotzdem mal. Und Milosz, der mich freudlicherweise (sic!) auf diese Anzeige aufmerksam gemacht hat, und meine schockiert dreinblickend beste Freundin haben fest geglaubt, so etwas würde ich mich nie trauen. Sollen sie sehen. Also, zum Laptop gegriffen und losgeschrieben.

»Liebe Unbekannte, wahrscheinlich ist es idiotisch anzunehmen, dass ich mich darauf einlassen könnte, denn dafür, dachte ich immer, bin ich dann doch zu schüchtern (und ziemlich brav erzogen) – aber verrückt genug und verdammt neugierig bin ich dennoch. Ich bin 1,77 Zentimeter groß, blond, schlank und sehne mich nach langer karrierebestimmter Zeit nach Gefühl, Berührung, Spaß. Auch neugierig geworden? Bin gespannt, ob ihr euch meldet. Grüße, Alexandra.«

Zwei Stunden später: »Stefan und Sina« schreiben zurück.

 »Hallo Alexandra, deine Mail ist sehr nett, deine Fotos im Web sehen toll aus. Wir haben einige Antworten auf unsere Anzeige bekommen und sind noch am Überlegen, wie wir das Projekt angehen.«

Projekt? Okay, die scheinen das wirklich ernst zu meinen. Und ich hatte noch gehofft, ich sei mit meiner Antwort auf die Anzeige fein raus aus der Mutprobe, weil nie eine Rückmeldung kommen würde. Nix da. Unten drunter steht noch, dass sie mir ein erstes unverbindliches Kennenlernen an einem neutralen Ort vorschlagen und dass sie beide Akademiker sind, viel lachen, »recht chic unterwegs« seien und sich gut vorstellen können, dass ich sie nett finde.

Ah, ich mag Bescheidenheit. Wer Dreier will, muss draufgängerisch sein. Egal, ich bin zu neugierig. Und nehme die Einladung an. Nicht ganz, ohne zumindest einen Moment an meine Eltern denken zu müssen. Und an die heile Welt, die sie mir aufgebaut haben. In der war von Dreiern eher selten die Rede.

In der von Stefan und Sina offenbar schon. Sie wollen sich mit mir im Café am Neuen See treffen. Bei Sympathie könne man ja gleich »in See stechen«. Jetzt wird's eklig. Es sei doch nett, die Freuden des Sommers zusammen genießen zu können, schreiben sie. Ja, da haben sie wiederum recht. Ich sage zu. »Sehr schön, ich freue mich«, antworte ich. In meinem Kopf starten Horrorszenarien à la Fritzl, Dutroux und Co. Und von Kollegen, die mich mit der Kamera aufs Gesicht gerichtet bloßstellen wollen – und die Milosz instruiert hat.

Das mit dem Café am Neuen See ziehen Stefan und Sina dann doch noch zurück. Sie wollen sich gleich mit mir im Hotel treffen. Ob ich dafür zu schüchtern sei? Nein. Angucken zählt nicht. Ist ja reine Recherche. Ist klar.

Treffen an einem Mittwochabend im Motel One am Hauptbahnhof. Wir haben ausgemacht, uns erst einmal auf einen Prosecco zusammen in die Lounge zu setzen und kennenzulernen. Und wenn wir uns gefallen sollten, das »Projekt« bei einem zweiten Treffen anzugehen.

Als ich zum verabredeten Zeitpunkt an der Ampel gegenüber vom Hotel auf Grün warte, sehe ich ein Pärchen in den Hoteleingang laufen. Und erschrecke mich vor mir selbst.

Spontan möchte ich mein Über-Ich töten – und gleich mit ihnen hochgehen. Sofern das Stefan und Sina sein sollten. Unfassbar heiß sehen sie aus. Besonders Sina. Ich verwerfe die letzten »Deine-Eltern-sind-immer-bei-dir«-Gedanken und folge. Das können die doch nicht sein, denke ich … Sind sie aber. Stefan, kurze dunkelblonde Haare, leicht gräulich meliert, ich tippe auf Mitte 40, sehr sportlich, kommt im perfekt figurbetonten Designerhemd und mit wahnsinnig hellen Augen auf mich zu, als er mich in die Lobby treten sieht. »Alexandra?« – »Ja, Stefan?« – »Ja, schön, dass du da bist, toll siehst du aus … Komm, ich stell dir Sina vor.«

Sina sitzt schon an der Bar. Im kurzen Schwarzen, perfekte Beine übereinander geschwungen, die blonden Haare zu einem Pferdeschwanz gebunden, schaut sie mir prüfend entgegen. Ihr einziger Schmuck: eine ultrabreite Armbanduhr. Sie ist kaum geschminkt, sieht aber dennoch nach ziemlich teurer Creme aus. Solche für morgens, mittags, abends und selbstverständlich und ganz besonders wichtig auch für nachts. Ach, was soll der Geiz, sie schmiert sich garantiert täglich diverse Cremes aufs Gesicht, die für die noch nicht vorhandenen Fältchen am Augenlid, die für die Mundpartie und die für eventuelle Mischhautstirn.

Ende 30 dürfte Sina sein.

»Hey, du musst Alexandra sein«, haucht Sina und schaut Stefan verstohlen an. »Lass uns doch schon mal hinten in die Sitzecke gehen – Stefan holt uns noch Prosecco zum Anstoßen.« Befohlen, befolgt. Ich laufe Sina Richtung hinterste Ecke der Lobby nach, und wir setzen uns auf zwei nebeneinander stehende Sessel. Gegenüber wartet ein Stuhl auf Stefan. »Schön, dass du dich doch getraut hast«, sagt Sina. Das »o« beim »doch« fällt etwas dumpfer als gewöhnlich aus, denke ich, klingt nach russischem Akzent. »Ja, obwohl ich zugeben muss, dass ich ziemlich nervös bin«, sage ich. Ob sie sieht, dass ich schwitze wie ein Schwein?

»Sehe ich«, sagt Sina, »aber du musst nicht aufgeregt sein. So oft machen wir das ja auch nicht.« Sie zieht die Vokale in die Länge. »Sag mal, ich muss das gleich loswerden, aber ihr zwei seid verheiratet und glücklich, ja?«, frage ich. Sie nickt. »Seit über zehn Jahren, ja.« »Stört dich denn gar nicht, wenn eine zweite Frau dazukommt?« Sina grinst. »Nein. Das war ein Geschenk von mir. An Stefan. Zum fünfzehnten Hochzeitstag.« Was für eine Frau.

»Ja, das ist meine Frau«, sagt Stefan, der sich mit zwei Prosecco und einer Bionade in der Hand uns gegenübersetzt und grinst. Er habe sich sehr über das Geschenk gefreut, erzählt er und positioniert die Bionade vor Sina, den Prosecco vor mir. Sie wird doch nicht schwanger sein? Drei, vier Mal hätten sie es nun schon mit einer zweiten Frau gemacht, erzählt Stefan. Allerdings bislang nur mit Professionellen. Aus einem Edelbordell hätten sie sich die ausgesucht.

»Ich küsse auch nicht«, sagt Sina. Etwas irritiert schaue ich zu Stefan. »Also, mich schon«, sagt der. Beide lachen. »Ach so«, sage ich, lache verkrampft mit und nehme hastigst einen übergroßen Prosecco-Schluck. »Ist doch besser, als wenn er mich hinter meinem Rücken betrügt«, sagt Sina. Wo sie recht hat … Sie habe das bei fast all ihren Freundinnen nun erlebt, deren Ehemänner seien in der letzten Zeit alle Midlife-Crisis-mäßig ausgebrochen. Und das wollten sie beide nicht. Lieber die Ehe auffrischen, als dass sie zerbreche, sagt Stefan. Er schaut sie an, ziemlich lange, ziemlich intensiv. Ich fühle mich jetzt schon überflüssig.

Dann wollen sie mehr von mir wissen. »Tolle Beine hat sie, oder?«, fragt Stefan mittendrin. Sina nickt. Und mustert erst mich, dann ihn gierig. »Also, wie wir besprochen haben, schauen wir alle nach dem Treffen jetzt, ob das was für uns wäre«, sagt Stefan zu mir. »Das müssen wir jetzt auch nicht entscheiden. Aber wenn du dabei bist, würden wir uns wieder hier treffen. Und dann machen wir es so, dass ihr zwei Frauen erst mal miteinander duscht, ganz unverfänglich, ich gucke auch nur zu.« Na, das ist ja wirklich total unverfänglich, denke ich.

»Und dann ziehen wir uns zusammen ins Schlafzimmer zurück«, sagt Stefan. »Und wenn du nichts dagegen hast, filmt Stefan das alles auch ein bisschen«, sagt Sina »Ja, das finde ich geil«, sagt Stefan. »Und wenn irgendetwas passiert, was einer von uns nicht will, wird sofort aufgehört, das ist natürlich klar.«

Klar. Klingt ja super. Ich danke Stefan wortlos, als er auf die Uhr schaut und zu Sina sagt: »Schatz, wollen wir?« Und werde endgültig aus meiner heilen Welt geholt, als Sina trocken antwortet: »Ja, die Kinder warten.« Beide stehen auf, schauen mich an. Dann gibt Sina mir einen Kuss auf die Wange, und Stefan zieht mich bestimmt an der Hüfte in seine Richtung. Erschreckend gut fühlt sich das an.

Gelten auf der Suche nach »dem Richtigen« eigentlich auch »die Richtigen«? Warum der Polyamorie nicht mal eine Chance geben? Wie lautet noch gleich der Titel des Buches von Lisa Fischbach und Holger Lendt? *Treue ist auch keine Lösung.* In meiner Vorstellung wandern Stefan, Sina und ich jetzt schon gemeinsam nach Südfrankreich aus, ein Haus am See, er arbeitet auf dem Home-Office-Balkon im ersten Stock, während ich mit Sina im Garten Badminton spiele. Nackt, natürlich. »Unnötig zu sagen, dass die Sympathie gestimmt hat. Jetzt kann uns nur

108

noch deine Zurückhaltung vom Abenteuer abhalten ...«,
schreiben Sina und Stefan einen Tag später.

Nein. Ich kann das nicht. Und was will ich überhaupt
in Südfrankreich? Die beiden hätten mich ja auch vorher
mal fragen können, ob wir uns dort oder vielleicht ganz
woanders ein Haus kaufen wollen.

Andalusien, zum Beispiel.

Der Lügenbaron

 »Mittfünfziger, gut aussehend, finanziell unabhängig, aus bester Familie, sucht attraktive Reise-
begleiterin (Lebensgefährtin), sofort reisebereit, bis
35 Jahre, bitte Zuschriften an BM3059, Berliner
Morgenpost, 10445 Berlin«

Ob der das wirklich so meint? Mehr aus Neugier als aus
ernsthaftem Interesse schreibe ich dem Mittfünfziger,
lege noch ein Foto in den Brief – und gebe meine alte
Handynummer an. Drei Tage später, drei Anrufe in
Abwesenheit von unbekannter Nummer auf dem alten
Handy. Ich rufe zurück. »Wer ist da bitte?«, fragt ein
Mann am anderen Hörer, der überraschend jung klingt.
»Die Alexandra«, sage ich, »Sie hatten wohl meinen Brief
bekommen?« »Ähm, nein, das war wohl mein Chef«,
sagt der Junge, »ich reiche mal weiter.« Kurzes Gera-
schel, dann: »Ja, hallo«, sagt, nein, brummt ein zweiter
Mann, »hier der Baron Manfred.« Ich muss lachen. »Ach,
der Baron Manfred, na dann«, sage ich und fühle mich
leicht unterschätzt. »Ja, so heiße ich«, sagt der Baron,
»Baron Manfred von Richthofen.« »Ach, dann kommen

109

Sie wohl geradewegs vom Flugplatz?«, sage ich. »Ich weiß nicht, was Sie meinen«, sagt der Baron, »ich wollte mich auf Ihren Brief melden und Sie zu mir nach Andalusien einladen.« Ach. Wollte er das.

»Und da ich momentan in Berlin bin, dachte ich, wir sehen uns auf einen Kaffee. Aber da Sie mich ja offensichtlich nicht ernst nehmen und ich Sie vorhin nicht erreicht habe, müssen wir das wohl verschieben.« »Ja, die Geschichte mit dem Herrn von Richthofen kann ich Ihnen einfach nicht abkaufen«, sage ich, Fliegerenkelin. »Dann nennen Sie mich doch einfach nur Baron Manfred«, sagt Baron Manfred. Sicher nicht, denke ich. »Ich habe hier zwei Eigentumswohnungen am Ku'damm, ich bin Privatier, wenn Sie es sich überlegen, treffen wir uns das nächste Mal, wenn ich hier bin.« Ich überlege kurz, ob bei den Damen des Barons die Begriffe »Privatier« und »Eigentumswohnungen« entscheidend waren, lehne dankend ab – und freue mich über die so natürlich klingende nächste Anzeige.

Der Prinz

 Mein rechter, rechter Platz ist frei; ich (41, 193, schlank, Akad., hanseatisch) wünsche mir ein Mädchen (25–40, schlank, apart, keine »Stadtpflanze«) herbei. fortune@mail.de

Er ist es. Der Prinz von Brandenburg. Ich habe ihn gefunden. Und getroffen. Auf seinem Schloss in Caputh. Wo schon Dorothea Sophie von Schleswig-Holstein-Sonderburg-Glücksburg und Kurfürst Friedrich Wilhelm von

Brandenburg ihre Sommer verbrachten, am Schwielow-see spazierten, im Fest- oder Fliesensaal tafelten und vielleicht, ach was, ganz bestimmt, mindestens eins ihrer sieben Kinder unter dem Lorbeerbogen zeugten. Ach, Sven, am liebsten würde ich sofort zu dir.

Gut, zugegeben, Sven wohnt natürlich nicht auf Caputh. Sondern in einem Haus, welches er sich vor drei Jahren gekauft und zu seiner Wochenendresidenz umgebaut hat. Denn Sven arbeitet eigentlich im Westen von Deutschland. Als Soldat, bei der Bundeswehr. Und das Haus, das hat er für sich und seine Exfreundin, die in Peking und Berlin arbeitet, gekauft. Als Treffpunkt zwischen Ost und West, um sich mit ihr ein Leben, eine Familie aufzubauen. Wie schlimm, dass es nicht geklappt hat. Und wie schön, dass sie darauf bestanden hat, lieber in eine Wohnung in Berlin-Mitte zu wollen. So lebt Sven nun ganz allein in Caputh.

Er steht bereits vor seinem, also dem Schloss, als ich an einem Samstagmittag mit dem Auto in der Straße der Einheit ankomme. Es regnet. Er wartet, bis ich geparkt habe. Dann kommt er auf mich zu, um mich mit seinem Schirm direkt von der Autotür abzuholen. Wir begrüßen uns. Ich reiche ihm die Hand, er greift sie – und zieht mich zu sich ran, gibt mir einen Kuss auf die Wange. Ganz zart, nicht fordernd, nicht provozierend. Eher ruhig und bestimmt. Meine Aufregung, haben wir uns doch zuvor nur ein paar Mal hin und her geschrieben, ist schlicht weg. »Wollen wir?«, fragt Sven und deutet Richtung Eingangsportal. Ja, ich will, denke ich. »Ja, gern«, sage ich. Groß ist Sven, mit beeindruckender Statur. Und seine Haltung ... Ach. Ein echter Soldat. Das Tuch um den Hals, das derzeit alle Männer zu tragen scheinen, verzeihe ich ihm sofort. Seins ist aus Seide. Es schmiegt sich hervorragend zwischen Steppjacken- und Hemdkragen, der aus dem dunkelblauen Cashmerepulli lugt.

Im Schloss lädt Sven mich selbstverständlich zur Führung ein und er lässt mir bei jedem Zimmer den Vortritt. Und wie er es schafft, immer in meiner Nähe zu sein, obwohl ich mich gleich auf Details des Mobiliars, des chinesisch blau-weißen und des japanisch bunten Porzellans, der goldverzierten Stuckdecken stürze, verstehe ich immer noch nicht. Er ist da. Fast schützend steht er bei mir. »Was an der Gartenparty wohl legendär war ...?«, fragt er mich leise, als uns die Schlossführung vom Dreikönigstreffen auf Caputh erzählt. Wie er dabei grinst, ich könnte ihn fressen. Und wie er riecht ... »Ihre Frau hat ihren Regenschirm vergessen«, ruft uns die Kassenfrau hinterher, als wir das Schloss eine gute Stunde später verlassen wollen. Jetzt grinse ich. Und Sven geht zurück, um meinen Knirps zu holen.

»Und nun?«, frage ich ihn, als er zurück ist. »Jetzt würde ich dich gern auf Kaffee und, wenn du magst, Kuchen in Potsdam oder hier im Fährhaus einladen«, sagt Sven. Und wie ich mag. Freund Carl hatte mir schon mal vom Fährhaus vorgeschwärmt, also muss ich da sowieso hin.

Wir gehen am Wasser entlang. Sven, natürlich, links. Er erzählt mir vom Segeln, seiner Leidenschaft. Deswegen wolle er auch hier bleiben. Schon mit den Eltern habe er die Welt mit dem Boot befahren. Und er brauche kein großes Stadtleben im Urlaub, da reiche es völlig, eins mit der Natur zu werden und zur Ruhe zu kommen. Ja, im Wasser treiben, lesen, in der Kajüte verschwinden, lesen, in der Kajüte verschwinden, in der Kajüte verschwinden,

112

in der Kajüte verschwinden ... herrlich, denke ich. Obwohl ich noch nie gesegelt bin. Aber ist ja egal, das können Sven und ich ja alles noch machen.

»Und, segelst du?«, fragt mich mein Prinz. »Äh, nein, also ich war schon mal auf einem Segelboot, aber ich bin früher immer nur gerudert«, sage ich. »Ach so, hm, schade«, sagt Sven. Einen Moment herrscht Ruhe. Nicht, dass er mich nun minderbemittelt findet?

»Hier ist es«, sagt Sven. Ein altes Haus taucht vor uns im Halbdunkel am Ufer auf. Daran ist eine Art Pavillon gebaut, direkt ans Wasser. Kerzen flackern durch die Scheiben, nur zwei der mindestens 30 Tische sind besetzt. Sven öffnet die Tür und geht vor, sucht einen Tisch direkt mit Blick auf das Wasser aus, nimmt mir den Mantel ab. In seinem Rücken legt die mit einer Lichterkette beleuchtete Fähre vom Ufer ab. Eine Strähne fällt aus seinem perfekten Haupthaar auf die Stirn, als er sich setzt. Es ist so romantisch, dass mir schlecht wird. Wir bestellen Kaffee und Pflaumenstreusel.

»Kennst du *Gut gegen Nordwind* von Glattauer?«, fragt Sven mich. »Nein«, muss ich zugeben. »Ich habe noch nicht mal das Neue von ihm gelesen.« Gott, jetzt findet er mich bestimmt auch noch ungebildet. »Da geht's ums Kennenlernen per Mail«, sagt Sven, »und das Hörbuch ist von der Sawatzki mit ihrem Mann gesprochen. Sehr nett ist das.« Und während Sven mich mit dem Inhalt versorgt, fängt er heftig zu gestikulieren an. Und seine Augen leuchten.

Er sieht aus wie der Zwieback-Junge. Nur 30 Jahre später. Einer dieser nordischen Typen, die immer wie Jungs aussehen, egal, wie grau der Schläfenansatz schon sein mag. Wir sprechen über Caputh, über seine Anzeige, die

113

er nach der Trennung von seiner Freundin geschaltet hat, und dass ich die erste Frau bin, die er nach den ganzen (»da haben sich tatsächlich ein Dutzend gemeldet«) Antworten habe treffen wollen. Danke, Sven, nur kein Druck.

Als er mir dann von seinem Weihnachten, das er bei der Schwester bei Lübeck verbracht hat, erzählt und dass er die meiste Zeit mit seinen Neffen auf dem Boden liegend Tipp-Kick gespielt hat, bin ich restlos begeistert. Auf meine Anspielung, was er denn nun noch machen, ob er sich etwas kochen würde, geht Sven jedoch nicht ein. »Gut, ich werde mich dann mal wieder nach Berlin aufmachen«, sage ich also nach dem zweiten Stück Kuchen und drei Pott Milchkaffee. Man will ja nicht klettig wirken. »Ja, ist gut«, sagt Sven. Nein, ist es nicht, denke ich. Er bringt mich zum Auto. Schade, dass das wohl unser einziger Nachmittag bleiben wird. »Und, meldest du dich?«, fragt Sven plötzlich. Kurz tanze ich um den Wagen herum. Also rein gedanklich. »Ja«, sage ich, »vielleicht magst du mich ja das nächste Mal besuchen, dann zeige ich dir mein, also das Schloss in Charlottenburg?« »Ja, warum nicht«, sagt Sven und öffnet meine Autotür. Ach Sven. Dann küsst er mich wieder. Natürlich nur auf die Wange. Und wünscht mir eine gute Fahrt.

Zu Hause, eine Autofahrt voller Zweifel und Selbstvorwürfe später, bekomme ich eine SMS. »Vielen Dank für den wunderbaren Nachmittag. Auf bald und liebe Grüße«, schreibt Sven. Ach Sven. Wie schrieb schon Einstein? »Komm nach Caputh, pfeif auf die Welt.«

Inka (25), blond, mittelgroß, ist Übersetzerin und sucht: »Einen Prinzen – Schloss nicht Voraussetzung.« Geht auch ein Hirsch – Geweih nicht Voraussetzung? Es geht. Wir treffen uns an einem Freitagnachmittag in einem Café im belebten »Simon-Dach-Kiez«. Vielleicht kommt Hansi Hirsch ja diesmal in den Genuss hormoneller Entspannung. Zeit wird's. Alexandra bekam ja bereits ein Haus am Meer und einen Dreier angeboten!

Inka bestellt sich einen Latte Macchiato, das inzwischen schon vielfach parodierte Biedermeiergetränk neu zugezogener Möchtegernszene-Berliner.

Beim Kennenlernen sind die ersten zehn Minuten immer am schnellsten rum. Bis man sich auf einen Platz geeinigt (»Bank oder Stuhl«?, »nahe Kamin oder in der Ecke«?) und die Karte bekommen hat (»wollt ihr auch was essen?«), spricht man vor allem in Floskeln: »So, da wären wir.« – »Ja, ja, hat ja nun doch endlich geklappt.« – »Na, wie ist die Lage?«

Inka schüttet keinen Zucker in ihren Latte Macchiato. Sie nimmt keinen Schluck. Sie rührt mit dem Löffel das erste Mal um.

Dann quatscht sie sich warm. In den zweiten zehn Minuten erfahre ich, dass ihr erster Freund Model war (»hätte nie gedacht, dass ich mal so einen Mann bekomme«) und ihr zweiter Freund Psychopath (»er war mal bei der Bundeswehr«).

Das Gespräch nimmt Fahrt auf. Ich soll mich vor besonders hübschen Frauen im Internet hüten, meint sie.

Ihr Psychopathenfreund hätte mehrere solcher Profile betrieben und über Monate mit nichts ahnenden Männern wahre Brieffreundschaften aufrechterhalten.

Ich muss schlucken. Männer, die sich als Frauen ausgeben? Sollte »bella_82« aus Berlin, die PR-Managerin mit Lockenkopf und Stupsnase, vielleicht tatsächlich ein Unteroffizier aus Gifhorn gewesen sein? Oder war die Schönheitskönigin aus Hamburg vielleicht ein Panzergrenadier aus Kempten? Und versteckte sich hinter der lustigen Friseurin aus Bielefeld in Wirklichkeit »Private Joker« aus *Full Metal Jacket*?

Ihre Hand ist jetzt ein Schneebesen. Der Latte Macchiato im Glas kommt auf circa 3000 U/min. Mir ist äußerst schwindelig.

Langsam glaube ich, dass sie mir einen Zaubertrick vorführen will. Wenn das Date rum ist, soll der Latte Macchiato zu Quark gequirlt sein. Und ich hypnotisiert. Dann könnte sie ihn zurückgeben und einen neuen bekommen, mutmaße ich. Und ich wache irgendwann als von ihrem Exfreund malträtierter Sandsack auf einem Truppenübungsplatz wieder auf.

Vielleicht ist das mit dem Löffel ja kein Nervositätstick, sondern eine Masche? So nach dem Motto: Tausendmal gerührt – und dann hat es »Zoom« gemacht. Sie hat schöne Augen, denke ich. Aber nach »Zoom« ist mir trotzdem nicht zumute. Emotional fühle ich mich eher nach »Es fährt ein Zug nach nirgendwo« als nach Klaus Lage. Mir sitzt die Geschichte mit dem Unteroffizier noch in den Knochen.

Inka hat mir mit ihrem Gequirle ganz schön die Augen verdreht. Ich erhole mich kurz auf dem Klo. Als ich zurückkomme, wartet eine Überraschung auf mich. Tataaa!

Es ist ein Kaffeejoghurt deluxe, handgerührt! Unglaublich, was man in einer halben Stunde Gespräch doch nebenher produzieren kann.

Inka ist super sympathisch. Aber mir genügt auch eine Frau, die ihren Kaffee einfach nur trinkt.

Mit Misty (28) im Berghain-Darkroom

Kennt man die Ewoks eigentlich noch? Das sind diese kleinen Kampfteddybären aus *Die Rückkehr der Jedi-Ritter*, dem letzten Teil der Star-Wars-Saga. Sie wohnen auf dem Planeten Endor, pflegen archaische Sitten wie Kannibalismus, verehren Götter (wie C-3PO), verbünden sich mit den Rebellen und kämpfen mit Pfeil und Bogen gegen das Imperium. Zumindest dachte man das bisher.

(Trommelwirbel!) Tadadadaaaadaaaa – tadadadaaaaadaaaa – tadadadaaaaaahhhhdaaa – tadadadaaaaaaah (Star-Wars-Musik)

Das ist natürlich nicht wahr. Denn die Ewoks leben mitten unter uns. In Berlin-Friedrichshain zum Beispiel. In einer Galaxis, gleich um die Ecke. Verfolgt vom Imperium und dezimiert im Freiheitskampf haben sie neue Welten erobert, sich neue Identitäten zugelegt und sich den menschlichen Sitten besser als jede andere Spezies angepasst.

Berlin-Friedrichshain ist Ewok-Land. Eigentlich ist Friedrichshain der coolste Kiez der Welt. Man kann hier theoretisch um zehn Uhr morgens mit Ballonseide-Turnhose und Unterhemd Bier am Kiosk kaufen, ohne blöd angesehen zu werden. Nirgendwo in Deutschland ist »schon out sein« vermutlich so nah dran am »wieder in sein« wie hier. Macht man das Gleiche in München-Schwabing, bekommt man im besten Fall 50 Cent zugesteckt und wird im schlimmsten Fall verhaftet. Das einzig Irritierende an Friedrichshain ist, dass der Großteil der Bevölkerung in dunklen Kapuzenpullis herumläuft. Ich nenne die Kapuzenfraktion »Ewoks«. Auf dem Kopf tragen sie Pelz (Rastalocken, verfilzte Haare), kommunizieren in kryptischen Zeichen (Graffiti), und wenn das Imperium mit BMW und Mercedes zu Besuch kommt, kann es schon mal sein, dass diese in Flammen aufgehen.

Misty (28) ist aus Friedrichshain und eine Rarität. Auf ihrem Foto lächelt mir eine sexy Architektin mit hübschem Ausschnitt entgegen. Endlich mal kein Ewok, denke ich. Nach drei Mails überlegen wir, ob wir uns nicht mal im Darkroom des Berghain treffen wollen. Wie *geil* ist das denn? Die Frau hat ja echt Feuer im Arsch!, denke ich. Wir treffen uns nicht gleich, aber sie hat am Wochenende an mich gedacht. Am Montag schreibt sie: »Warst du der ölige Typ im Darkroom hinter mir? :)«

Volltreffer, höre ich mich rufen. So rasant steuerte ich bisher noch nie auf ein heißes Date zu. Ich sitze vor meinem PC wie Han Solo vor seiner Laserkanone, drehe mich zur Seite und sage zu meinem Bruder, der neben mir sitzt: »Achtung Chewbacca, ich schalte jetzt um auf Lichtgeschwindigkeit.« Vor meinem geistigen Auge treffen wir uns in Kürze in einem Vorstadtpalast zu einer Privatorgie, wie bei *Eyes Wide Shut*, wo die Darsteller nackt und nur mit Masken bekleidet herumtanzen, während das Koks von der Decke rieselt.

Aber erst mal treffen wir uns auf einen Kaffee.

20 Uhr an einem Mittwoch im Januar am Boxhagener Platz. Es ist kälter als auf dem Eisplaneten Hoth und so dunkel wie in Darth Vaders Maske. Wo steckt sie bloß?

In der Nähe der heruntergekommenen öffentlichen Toilette raschelt es im Gebüsch. Klebt da etwa jemand noch Antifa-Plakate auf? Ist da einer von der Sternburger-Pils-Fraktion aufgewacht? Es raschelt immer noch.

Was ist denn das? Ein kleines Knäuel rollt auf den Gehweg und baut sich vor mir auf. Es ist ein Ewok. Und er spricht: »Hansi, bist du das?«

(Trommelwirbel!) Tadadadaaaadaaaa – tadadadaaaaa- daaaa – tadadadaaaaaahhhhdaaa – tadadadaaaaaaah (Star-Wars-Musik)

Episode V – Eine herbe Enttäuschung

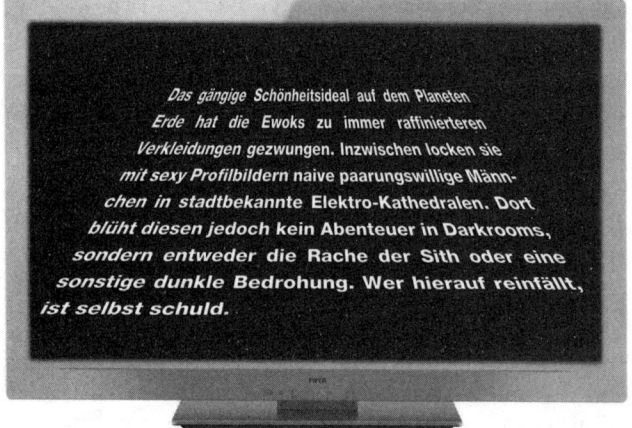

Das gängige Schönheitsideal auf dem Planeten Erde hat die Ewoks zu immer raffinierteren Verkleidungen gezwungen. Inzwischen locken sie mit sexy Profilbildern naive paarungswillige Männchen in stadtbekannte Elektro-Kathedralen. Dort blüht diesen jedoch kein Abenteuer in Darkrooms, sondern entweder die Rache der Sith oder eine sonstige dunkle Bedrohung. Wer hierauf reinfällt, ist selbst schuld.

Puh, sie ist es tatsächlich. Wir trinken Tee in einem Café und finden heraus, dass wir beide aus Bayern sind. (»Bin ich etwa auch ein Ewok?«) Das spektakulärste Ereignis des Abends ist, dass uns nach 30 Minuten auffällt, dass mein Hosenstall offen steht.

Ich gehe nach Hause und entwickle einen Ewok-Test:

1. Sexy Profilbild + Darkroom-Aufforderung: Alarm
2. Innenarchitektin ohne Möbelbesitz in Friedrichshain: Doppelalarm
3. Ein Profil mit allen Zigarettenmarken, die es gibt: Yedi-Ritter anrufen!
4. Sie rollt das »R« noch stärker als man selbst: Episode V ist garantiert.

Gestatten: Volljuristin, 29 Jahre, blond und süß (Teil 3)

Sie meldet sich an einem SAMS-Tag wieder. Ich wusste doch schon immer, dass an diesen Kindergeschichten was dran ist. SMS vom Sams:

»Hi, du, ich hab's mir überlegt und finde dich eigentlich doch ganz sympathisch. Wollen wir uns nicht wieder treffen?«

Das muss ja wohl ein fataler Justizirrtum sein, denke ich. Waren wir nicht in der gleichen Verhandlung? Es stimmt wohl, was man sagt: zwei Juristen, drei Meinungen. Ich überlege kurz, ob man nicht in Berufung gehen sollte. Für diesen Fall würde ich das Pärchen und den Hipster als Zeugen vorladen, um zu beweisen, dass man sich unmöglich sympathisch gewesen sein konnte.

Ich habe mit dem Sams jedenfalls meinen Frieden geschlossen. Und entscheide mich dagegen, in dieser Sache ein Rechtsmittel einzulegen.

Nächste Akte.

Der Promi

 »Weißt du was? Dann nehmen wir unser Kennenlernen jetzt einfach selbst in die Hand.«

Als Tom mir auf Facebook schreibt, wundere ich mich schon, was das soll. Milosz wird sich doch wohl nicht … In seinem ganzen Dating-Spiel-Wahn? Nein. Aber dass ein Promi wie Tom es überhaupt nötig hat, wildfremden Frauen zu mailen, irritiert mich. Ein Bekannter von mir tuscht ihm zwar ab und an das Gesicht, bevor er ins Studio tritt. Aber der wird ihm ja wohl kaum von mir erzählt haben. Absurd. Und selbst wenn, dürfte das immer noch kein Grund sein, mir Mails zu schicken. Tom ist Schauspieler. Ein bekannter Schauspieler. Und ich muss zugeben, ihn schon auch attraktiv zu finden. Ach was, heiß ist der.

Seine erste Mail kommt mit »ganz liebem Gruß«. Ich werfe alle meine »Facebook-ist-rein-beruflich«-Regeln von mir und schreibe zurück. Vielleicht sucht er ja auch wirklich nur nach einem Pressekontakt. »Hab schon von dir gehört, wir wurden nur nie vorgestellt«, schreibe ich. Tom antwortet: »Dann nehmen wir das jetzt selbst in die Hand. Muss unbedingt noch mehr von dir erfahren.« Und: »Was machst du denn beruflich, Charming Ale?« Charming Ale? Okay, das ist kein schöner Ausdruck – aber dass er sich für mein Leben interessiert und schnell verstanden hat, dass mein Spitzname nicht Alex, sondern

Ale ist, das ist doch nett. Manche brauchen da Jahre für.

Wir schreiben ein wenig hin und her, so richtig kann ich das immer noch nicht glauben. »Bin gerade auf 'nem Dreh, lass mich total von dir ablenken, hab den Text grad schon deinetwegen vergessen«, schreibt Tom. Hm. Komplimente sind schön, Lügen weniger.

»Was machst du denn heute Abend noch, magst mir nicht den Abend mit einer süßen Mail versüßen?«, fragt er. Wie eine Mail wohl süß sein kann, frage ich mich. Was er denn heute Abend noch machen würde, frage ich ihn. Er gehe mit Kumpels los, schreibt er. Und dass er lieber mit mir feiern würde. Ist klar. Tom hat quasi aus meinem Facebook-Profil schließen können, wie viel Spaß es nicht machen muss, mit mir loszuziehen. Merkwürdig. Ein Fake-Profil? Egal. »Bist du eigentlich live genauso charmant? Dass du umwerfend hübsch bist, steht jedenfalls schon mal fest«, legt Tom nach. Ich bedanke mich für seine Worte. Und schreibe: »Aber bisher warst du ja eindeutig der Charmantere von uns beiden.« »Na ja, ich finde dich halt ziemlich toll, du bist eine ziemlich explosive Mischung«, schreibt Tom. »Na, du kannst aber viel aus Fotos interpretieren!«, muss ich ihm jetzt doch mal ehrlich sagen. Der kennt mich doch gar nicht! »Sag mal, die Sprüche hast du schon irgendwo stehen, oder?«, frage ich ihn. »Schlimm, dass ich dich wahnsinnig sexy finde? Wenn ja, musst du es mir sagen«, schreibt Tom. Da sage ich doch einfach mal nichts.

Einen Tag später, Mail von Tom: »Hey – hab dich heute schon vermisst, war ich etwa gestern schon zu forsch?« »Nee, alles gut, ich kann schon was ab«, schreibe ich. Und wechsle das Thema.

Das scheint Tom nicht gefallen zu haben. Er schreibt nicht mehr. Hm. Erst neugierig machen – und dann am ausgestreckten Arm verhungern lassen. »Kann es sein, dass du gerade viel Stress hast?«, schreibe ich ihm nun. »Hab nur gemerkt, dass es dir lieber ist, wenn ich nicht so forsch bin, sondern eher facebook-like«, schreibt Tom. Okay. Mir sind die Sprüche tatsächlich zu doof. Aber ob er es nun wirklich ist, das macht mich ja schon neugierig. »Ich weiß nur nicht, wie ich die netten Worte einordnen soll«, schreibe ich ihm. »Ich hab mich doch schon gebessert«, schreibt Tom.

Eigentlich find ich das ja schon spannend. Dumm nur, dass ich parallel mal ein wenig über Tom recherchiere. »Rechnet euch keine Chancen aus, Mädels – er ist glücklich mit Kind und Partnerin«, schreibt ein Boulevardblatt. Drei Wochen ist das her. Krass. Also entweder ist das ein Fake-Profil – oder er ist abartig und betrügt seine Freundin. »Ich will halt nur nicht von jemandem so angesprochen werden, der Freundin und Kind hat. Oder schreibt die Zeitung da was Falsches?«

Einen kurzen Moment hoffe ich, dass er nicht einer von vielen ist.

»Nein. Da hat die Zeitung recht«, schreibt Tom.

Ach.

Ein bisschen viel Komplize

 *Komplizin gesucht ... Du bist herzlich und coura-
giert, gebildet, vielseitig (insbesondere) kulturell interessiert? Ja? Dann schreibe mir doch einfach ... :-)
Großer, kurzhaariger, blonder Mann (37, 195, 95,
Raucher) sucht die ausgeglichene, aufgeschlossene,
gerne sportliche Frau fürs Leben. komplize77@xxx.de*

Fürs Leben, hach, wie schön. Und wie fröhlich und auf-
geweckt seine Anzeige klingt! Das mit dem Bild des
Komplizen nehme ich auch allzu gern an – wir gegen den
Rest der Welt, versteht sich. »Lieber potenzieller Komplize«, schreibe ich, »ich bin eben auf deine Anzeige
gestoßen ... Und da mich deine Suche nach einer sport-
lichen und kulturell interessierten Frau und deine Größe
angesprochen haben – dachte ich, ich melde mich einfach
mal.« Vielleicht etwas zu forsch? Der große Blonde antwortet jedenfalls nicht.

Na ja, nicht gleich. Zwei Tage später erst. »Hallo Alexandra«, schreibt er. »Vielen Dank für deine nette Mail.
Das, was du über dein Leben in den letzten Jahren
geschrieben hast, kommt mir irgendwie bekannt vor ...«
Ach, tatsächlich? Nicht, dass wir uns kennen ... Hm, gut,
er erzählt erst mal von sich. »Ich wohne seit drei Jahren
in Berlin und habe eine gewisse Zeit benötigt, um mich
zu akklimatisieren und mein Leben neu zu ›ordnen‹ ...
Die Phase habe ich mittlerweile abgeschlossen und bin
zu frischen Taten bereit ...«

Ach so! Das meint er.

»Ich gehe sehr gerne ins Kino, schaue mir Ausstellungen an, gehe auf Flohmärkte und bin auch sonst viel in

der Stadt unterwegs. Ansonsten gehe ich gern schwimmen und im Winter auch in die Sauna … Ich würde gerne auch noch viel mehr machen, dazu fehlt mir leider bisher die passende Partnerin. Besonders der Austausch von Gefühlen, Meinungen und gegenseitige Bestätigung … fehlt mir doch manchmal sehr. Herzliche Grüße, Daniel. PS: Aktuelles Lichtbild liegt bei …«

Ganz schön viele Punkte. Aber gut, es klingt nett, was er schreibt. Ich klicke auf die Bilddatei. Und fasse es nicht.

Oh. Mein. Gott. Der Komplize? Ist ein Kollege.

Der Zeugungsgeile

> *Vorsatz für 2012: Nachwuchs zeugen. Schreib mir, warum du (auf diesem Weg) schwanger werden willst und wie du es dir vorstellst. Bin gespannt …«*

Natürlich möchte ich nicht schwanger werden. Das hat noch Zeit. Lieben Gruß an meinen Chef an dieser Stelle. Aber ein Freak, der auf Schwangere steht? Die »Kontaktanzeigen: Wer-steckt-dahinter«-Sucht hat mich scheinbar im Griff. Ich schreibe mal, ganz unverfänglich. Und »Peter« schreibt zurück. »Vielen Dank für deine Nachricht. Es freut mich natürlich, dass meine Anzeige dir so gelegen kommt. Du willst also Kinder. Wie viele denn, und wie bald? Und den Mann gleich dazu oder nur den Nachwuchs? ;-) Soviel erstmal ganz kurz aus dem Urlaub. Ich schreibe später gern noch mehr und über mich. Liebe Grüße, und natürlich noch alles Gute im neuen Jahr, Peter.«

Der Peter klingt ziemlich unfreakig. Ich schreibe, er

schreibt, es wird immer netter. Von Kindern keine Rede mehr. Peter erzählt, dass er gerade im Urlaub auf Usedom sei und dort ein schönes altes Hotel im Stil der klassischen Bäderarchitektur gefunden habe. Dass er 43 sei, aus dem Südwesten Deutschlands stamme und seit zehn Jahren in Berlin lebe. Und dass er »was mit Medien« mache. Und: Er koche gern (und gut, wie er schreibt) und lese viel. Biografien, Gegenwartsliteratur, historische Romane. Wie nett. Wir verabreden uns für zwei Wochen später. Peter schickt noch ein Foto. Es ist leicht verschwommen, gut. Und die Sonne strahlt so heftig auf sein Gesicht, dass ich nur erkennen kann, dass er dunkle Haare hat und ein schwarzes Hemd trägt. Na ja. Wird schon. Ein Hemd hat er an, das ist doch fein.

Freitagabend, »Mokka Bar«, Kreuzberg. Etwas zu spät betrete ich das Bistro-Bar-wir-machen-alles-Lokal und schaue mich um. Alle Tische belegt, alle mit mehreren Personen. Ist er noch nicht da?

Doch, ist er. Direkt neben dem Eingang am Fenster sitzt ein ziemlich, sagen wir, gut beleibter Mann. Der mich fragend, fast ängstlich anstarrt. Ich gehe auf ihn zu, frage: »Peter?« »Ja«, sagt Peter, steht auf und reicht mir eine sehr fleischige, sehr nasse Hand. »Hey, ja, also ich bin die Alexandra«, sage ich. »Mhhm«, antwortet Peter. Mehr nicht. »Ja, dann setze ich mich mal dazu«, sage ich und ziehe mir die Jacke aus. Peter schaut zu. Stille. Ich setze mich. »Ja, schön, dass es geklappt hat«, lüge ich. »Ja«, lügt Peter.

Gott, so unwohl hab ich mich lange nicht gefühlt.

Peter sitzt mir im Tweed-Jackett mit Cashmere-Pulli, der sich über seinen Bauch spannt, gegenüber. Ich greife zur Speisekarte. Peter schaut zu. Und wenn ich das über die Kartenwinkel hinweg richtig sehe, zittert er. Und schwitzt. Ich lege die Karte zur Seite. »Wir können ja jetzt mal über das, was wir beide beruflich mit Medien machen, sprechen?«, schlage ich Peter vor. »Ja, das können wir, ja«, sagt Peter. Und dann wieder nichts. Ich erzähle ihm also ein wenig von meinem Job, hoffe, er entspannt sich etwas. Ich bin doch auch aufgeregt, da kann er ja nichts für, wenn er dann nicht mehr spricht. Obwohl es mich schon wundert, arbeitet er doch in einer ziemlich kommunikativen Agentur, die Zeitungen relauncht. Unter anderem auch eine, für die ich selber arbeite.

Aber Peter wird nicht mehr locker an diesem Abend. Er tut mir so leid, wie er da sitzt und schwitzt. Wir reden noch ein wenig über unsere Arbeit. Nach einer Weile sagt Peter, dass er noch nie eine Freundin hatte und diese Anzeige geschaltet hat, weil er sich doch so sehr eine Familie wünscht. Ach Peter, es tut mir leid. Ich kann das einfach nicht. Wir essen unsere Mokkaplatte – und verabschieden uns voneinander. Hoffentlich findet er bald jemanden, dem er sich öffnen kann.

Der Pianist

 »*Schicker junger Pianist, 38, 190 cm lang, NR, studiert, Schwimmer, Diplomat im Wort, sucht die gut situierte Dame, die Wert auf Klassik, Konzerte, stilvolles Ambiente, gute Gesellschaft legt. Tel: 0170–346XXXX*«

Ich gebe zu: Das klingt ziemlich nach Klischee. Und als gut situiert würde ich mich dann auch nicht unbedingt bezeichnen. Höchstens meine Eltern. Von denen kann ich ihm ja erzählen, wenn ich ihn kennenlernen sollte. »So verhält sich eine junge Dame aber nicht«, würde mein Vater jetzt wohl sagen. Was schon immer das Gegenteil bewirkt hat.

Insofern werde ich dem Pianisten einfach mal schreiben. »Ich bin zwar etwas jünger, als du vielleicht erwartest, aber auf Konzerte, Klassik, Stil bestehe ich auch. Bin 26/1,77/blond/schlank. Freu mich, wenn du dich meldest, Alexandra.«

Einen Tag später. Er antwortet: »Liebe Alexandra, bist du beruflich tätig? Hobbys? Schick mir doch bitte ein Foto. Philipp«

Hm. Eine stilvolle Antwort sieht wohl anders aus. Aber gut. Eine Stunde später kommt die nächste SMS: »Liebe Alexandra, hast du meine Nachricht erhalten?« Wow – der Philipp fragt aber gern. Ich schreibe ihm zurück, dass ich sie bekommen habe, nur gerade Besuch habe und mich freue, wenn wir später per Mail ein wenig schreiben würden. Da könnte man dann ja auch gleich das Foto austauschen. Meine Adresse hat der Philipp also schon mal. Und ich bin gespannt, ob er nun eine bestimmt ganz kreative, ausführliche, liebevoll komponierte Mail losschickt.

Macht er nicht. Dafür kommt morgens um acht die nächste SMS: »Guten Morgen, schick mir doch schon mal 'ne Mail mit Foto und Beschreibung. Bin gegen 12 Uhr im Netz. Philipp.« So langsam macht der mich wütend, der gute Philipp. Muss ich hier bestmailend bieten, um ernst genommen zu werden? Hm. Na ja, vielleicht hat er einfach schon so viele Antworten bekommen. Und will es kurz machen. Und schnell vergleichen. Was soll's, ist ja auch sein gutes Recht. Ich öffne meinen Posteingang. Um ihm ausführlich zu schreiben. Mit Foto. Vor zwölf.

Ha! Und da hat der Philipp doch schon längst geschrieben! »Hallo Alexandra, hier ein ganz frisches Foto von mir ... Einiges von meinen Eckdaten kennst du ja aus meiner Anzeige, schwimme, kann Klavier spielen, mag Klassik, Konzerte, Lesungen, die Natur, gutes Essen, kuscheln. Ich lebe in Potsdam, und nun bin ich auf einen visuellen Eindruck von dir gespannt! Philipp.«

Philipp fordert jedenfalls gern. Und direkt. Und seine erhofft melodisch-verträumte Mail klingt eher nach »Ich kann auch am Computer SMS schreiben«. Und dass er Klavier spielen »kann«, tja, ist ja schon auch besser, so als Pianist. Egal, wer fordert, bekommt. Meistens jedenfalls. Und sein Foto, ich muss es zugeben, macht neugierig. Dunkle, kurze Haare, ein markantes Gesicht. Und gaaaanz dunkle Augen, mit einer Augenbraue leicht hochgezogen ... Sein Blick sagt so viel wie: »Ich darf auch fordern, Kleines.«

Gott, bin ich durchschaubar. Ich antworte ihm. Und hoffe, dass er nun vielleicht ein wenig mehr von sich verrät. Und dass ihm mein Foto gefällt ...

Abgeschreckt haben kann es ihn jedenfalls nicht. Er antwortet. Und wir verabreden uns für zwei Wochen später in Potsdam.

Am Hauptbahnhof empfängt mich erst mal Leonhard. Leonhard ist schmierig, dunkelhaarig, bis zur Falte Asigetoastet und steht auf einer kleinen Bühne Schrägstrich Podest kurz vorm Ausgang Babelsberger Straße. »Rutsch mir doch mal den Buckel runter«, ruft er zu Schlagerbeats und in Richtung schmachtender Mittvierzigermuttis in sein Mikro. »Es sollte doch nur eine Autogrammstunde sein«, seufzt die Verkäuferin im Tchibo-Shop gegenüber, als ich mir noch schnell einen Kaffee hole.

Immer noch Zeit. Im Buchladen nebenan vertiefe ich mich in den Zeitungsständer. Da schreibt Philipp, dass er unten am Ausgang wartet. Also los. Den »langen Kerl« suchen.

Und da unten steht einer von der Sorte. Allerdings ziemlich dick eingepackt in einen langen schwarzen Filzmantel, mit Wollmütze und in ultrabreiten Maschen gestricktem Langschal. Plus Turnschuhe. Der aus der Glasfront starrt. Ich laufe erst mal raus. Und schaue von außen. Er schaut zurück, durchs Glas. Er ist es. Und kommt raus. »Ick hab da mal unten jewartet, weeßte«, sagt Philipp und baut sich vor mir auf. Ein langer Kerl ist er tatsächlich.

Wir laufen in die Innenstadt. Und obwohl ich als Fritz-Fan selbstverständlich schon öfter in Potsdam war, freue ich mich, dass er mir auf dem Weg noch mal Nikolaikirche, Altes Rathaus und Holländisches Viertel zeigt. Und als er mich schließlich ins Café Heider am Nauener Tor führt, geht mir doch das Herz auf. Diese ganzen feinen Torten und Tartes und Kekse – Kaffeehaustradition seit 1878, herrlich. Da wusste damals schon der Hof, wo man am besten konditern geht.

»Ja, dann erzähl doch ma wat Schönes von dir«, sagt Philipp und sticht mit der Gabel in sein Florentiner Kranzstück. »Du musst mir erst mal erzählen, wo und was du spielst, das überleg ich schon die ganze Zeit«, fordere ich zurück. »Ne, ick erzähl nich so jern wat von mir, weeßte«, sagt Philipp. »Schade«, sage ich, »wie wollen wir uns dann kennenlernen?« »Ick würd sagn, dass wir erst ma abwarten, wa«, sagt Philipp. »Äh, ja, hm«, sage ich. Der Pianist macht auf piano. »Ick such wat Nettet, weeßte«, sagt Philipp. »Ach«, sage ich. Damit er selbst es dann nicht sein muss? »Wie viele nette Antworten hast du denn auf deine Anzeige bekommen?«, frage ich ihn. »Och, een paar«, sagt Philipp.

Oh, Mann, das kann sich ziehen. Philipp sitzt mit verschränkten Armen über seinem schwarzen Pulli vor mir und mustert mich. Ich habe das Gefühl, dauerrot zu sein. Und immer wütender zu werden. Er könnte ja auch mal was fragen oder sagen oder überhaupt. Aber auf alle weiteren Fragen reagiert er wenig bis kaum. Wahrscheinlich mache ich den »Zu-viele-Fragen-stellen«-Fehler. Egal, Pech gehabt, ich will doch wissen, was für ein Mensch er ist. »Sag mal, Philipp, wie machst du denn das mit Freunden, wenn du mit ihnen unterwegs bist, redest du da auch so wenig?«, frage ich ihn. »Ick hab keene Freunde, außer eenen, aber der is schon über 50 und will och nich so viel reden«, sagt Philipp. Hm. Und wie das in der Kindheit gewesen sei? Da wolle er erst recht nicht drüber reden, sagt Philipp. Ich überlege, ob er so jedes Mal an ein Kennenlernen rangeht, und beschließe, dass es nur an mir liegen kann, dass er keine Lust hat. Wahrscheinlich ist er zu höflich, mir nicht einfach zu sagen, dass er jetzt lieber wieder zurück an den Flügel würde. Dabei war er doch so direkt in seinen SMS?

Jedenfalls bin ich froh, als wir mit dem Kaffee durch sind und ich mich Richtung Hauptbahnhof verabschieden kann. Komischer Kerl, der Pianist.

Am Morgen danach, Philipp schreibt: »Liebe Alexandra. Du weißt, ich bin direkt. Würde gern mit dir schnaxeln ;-) Philipp.«

Lieber Philipp. Erstens: Nein, ich habe nicht nur jemanden für den Beischlaf gesucht. Und zweitens: Der Begriff »schnaxeln« geht gar nicht. Prinzipiell nicht. Und im Zusammenhang mit Sex erst recht nicht. »Er fickt, sie fickt, wir ficken – hätte er nicht einmal das Wort ›vögeln‹ benutzen können?« Sagt sogar Marcel Reich-Ranicki. Also. Und ein Zwinker-Smiley? Oh man. Ich dachte immer, Klavierspieler hätten Taktgefühl, weeßte.

Schwierig, …
… wenn du dich beobachtet gefühlt hast.
… wenn er schlecht – oder gar nicht – riecht.
… wenn dir sein bester Freund auch ganz gut gefällt.
… wenn er Englisch spricht – obwohl er Deutscher ist.
… wenn er mehr von deinen Brüsten als von deiner Seele wissen will.
… wenn ihr schon beim Aufeinanderzulaufen merkt, dass es niemals nie nicht was werden kann – ihr aber beide zu höflich seid, um euch das zu sagen.
… wenn er beim ersten Treffen vom »Schnaxeln« oder Kinderkriegen spricht. Ich bin 21! Okay, 24. Plus zwei. Trotzdem.

Missions Impossible für alle

Uhrzeit: 20.21 Uhr, Ort: Eine durchschnittliche Mietwohnung in Berlin-Charlottenburg. Zielobjekt: Mister Bond, Quelle: *Tip*-Stadtmagazin.

Mister Impossible:

 »*Mission Possible: James-Bond-Typ (30, 180, 78) sucht Agentin für gemeinsame Mission: Kühl-*

schrank plündern, das Bett verteidigen und die Welt
retten. Voraussetzung: Lizenz zum Küssen, Waffen-
schein und eine Prise Humor ;)«

Auf die Mission bin ich gespannt ... Ich schreibe. Ihm
fehlt: die Lizenz zum Antworten.

Mister Blond:

 »Er, 30, groß, schlank, blond, mit Hündin, sucht
tierliebe Sie ohne Kind für Gassi gehen, kuscheln,
Beziehung und Sex.«

So dringend scheint es doch nicht zu sein. Auch der Hun-
demann antwortet nicht. Wie schade! Ob ich zumindest
seinen Hund haben kann?

Maler Bond:

 »Nur für Frauen! Biete den Frauen an, ihre Woh-
nung im String zu malern – oder ganz ohne. NUR
MATERIALKOSTEN. Telefon 030 75452XXX oder
E-Mail an werXXX@googlemail.com«

Das stimmt! Auf mein »Ich weiß zwar nicht, warum du
das machen magst – aber bei mir müsste dringend mal
das Schlafzimmer in einer neuen Farbe gestrichen werden ...«, bekomme ich folgende Antwort: »Guten Morgen, mein Name ist Hartmut, und ich nehme mal an, dass
ich dein Schlafzimmer nackt streichen soll? Ich mache
das aus Spaß. Du suchst dir die Farbe aus, die gestrichen
werden soll, und ich streiche dann das Zimmer so, liebe
Grüße.«
Der Wahnsinn.

Gestrichen werden muss bei mir eigentlich nicht – aber putzen wäre mal wieder nett. Kostet ja auch Zeit.

Mister Biff:

 »Ich, 37/187/80, mit sportlicher Figur, reinige zuverlässig die Wohnung einer einzelnen Frau oder einer Frauen-WG. Anfassen erlaubt. Gehe gerne auf alle möglichen Phantasien ein, keine Hemmungen. Stehe auch als Diener oder Kellner für Frauenpartys zur Verfügung. Nur für Frauen.«

Um 21.29 Uhr schreibe ich – um 21.31 Uhr antwortet er. »Hallo Alexandra, vielen Dank für deine Antwort auf meine Anzeige. Montag würde es bei mir am späten Nachmittag, Abend gehen. Also ablaufen würde es in etwa so: Ich komme zu dir, ziehe mich nackt aus und beginne dann, deine Wohnung nach deinen Vorgaben zu reinigen. Wenn du spezielle Wünsche oder Phantasien hast, gehe ich gerne darauf ein, LG Uwe.«

Uwe, Uwe. Die Vorstellung, dass du mit deinem Penis an meinen Regalen entlangwedelst, die geht dann doch nicht. Aber bei Bruder und Prä-Schwägerin könnte mal wieder durchgewischt werden. Die sind gerade in Südafrika, heiraten hoffentlich –, und freuen sich, wenn da in der Wohnung zu Hause mal jemand beigeht. »Klar, wenn's danach schön sauber ist«, ruft meine Schwägerin aus dem Skype-Hintergrund, als ich ihnen von der fixen Idee erzähle. Während mein Bruder nach einem Moment der Coolness dann doch sagt: »Nee, Ale, lass mal, musst dem kranken Schwein ja zugucken.«

Mister Bitter:

 »*Tagsüber Göttin, aber nachts leider keine Hure?*
Das muss nicht sein. Erfahrener, gebildeter und
charmanter Dominus (47/196) erzieht deine selbst-
bewusste & intelligente Frau/Partnerin zu Demut
und Hingabe.«

Ohne Worte.

Um solche Fälle darf sich gern Herr Matuschek kümmern.

HSDS: HIRSCHI SUCHT DEN SUPERSPRUCH

Geburt in Polen, Kindheit in einem bayerischen Dorf,
fünf Jahre Messdiener in der Dorfkirche, Abitur in katho-
lischer Religionslehre und schließlich acht Jahre »Knast«
in einem katholischen Studentenwohnheim für Männer
in München. Ich habe eine mustergültige Katholiken-
Laufbahn hinter mir. Zur wahren praktisch-christlichen
Nächstenliebe habe ich jedoch erst in Berlin gefunden.
Liebe deinen Nächsten wie dich selbst, heißt es ja in der
Bibel. Das würde ich ja gerne hier auf dieser Online-
Börse. Natürlich ohne mich dabei gleich vermehren zu
wollen wie der Zuchtbulle, den Frau Kilian kennengelernt hat. Also eher erst mal nur »beflecken« statt »Emp-
fängnis«. Aber wie verklickere ich das den Frauen? Alexandra hatte ja immerhin schon eine Zunge im Ohr, ich
dagegen bisher nur Biergläser und Kaffeetassen in der
Hand. Ich glaube inzwischen fest, dass ich für Online-

Dating so begabt bin wie Rolf Eden für die Monogamie. Doch wie sprach Gott, der Herr? »An ihren Nicknames sollt ihr sie erkennen!« Oder so ähnlich. Ich klicke mich mal durch die Profile. Mal sehen, ob mich die Namen auf die richtige Spur bringen.

Hm. »Alcatraza28« klingt etwas zu sehr nach Strafkolonie. Einen Drink mit »Cubalibre82« zu nehmen könnte da schon interessanter sein. Bei »Seelenkokain« bin ich dann doch eher etwas verschnupft. »Camelia« schreibe ich erst gar nicht an, wer weiß, ob sie gerade ihre sicheren Tage hat? Kein »Juchuu« entlockt mir »Buhu«, obwohl ich auf kindische Nicknames ja durchaus stehe. »Wildeswiesel« ist mir zu natürlich, »Frosch24« will ich ungern küssen, und »Stoppelhoppser« soll sich erst mal rasieren. »Doofernickname« ist zu wenig kreativ, und die 25-jährige Frankfurterin mit Namen »Glasblas« hätte ich womöglich erst angeschrieben, wenn sie »Glas« weggelassen hätte.

Verdammt, du suchst doch Niveau!

Konzentrier dich!

Dann kann man natürlich noch Profile durchlesen. Manche geben sich ja durchaus Mühe. 90 Prozent der Profile passen jedoch leider genau in drei Kategorien:

Kategorie Nr. 1: Die »Ich-bin-zu-geil-für-ein-Profil«-Frau

Sie ist der Typ der »Gähn-Frau«. Hübsch anzusehen, aber das war's dann schon. Das Profil ist so nichtssagend wie Christian Wulffs letzte Weihnachtsansprache. Und die Vorfreude, die sich beim Anschreiben dieser Spezies Frau einstellt, ist in etwa so groß wie bei einer Einladung auf eine Mario-Barth-Veranstaltung. Die Gähn-Frau denkt schlau: Männer gehen eh nur auf die Optik. Daher reicht ja mein Foto.

Doch sie handelt fatal. Denn sie will ja gerade nicht auf ihre Optik angesprochen werden und nur Sätze wie »Hi« oder »Bist du aber süß« oder »Hot!« von Jungs bekommen, die mit nacktem Oberkörper vor einem 2Pac-Poster in ihrem Kinderzimmer posieren. So wundert sich die Frau eines Gähn-Profils andauernd über das verflachte Niveau, das sie selbst produziert, und macht damit nichts anderes als jemand, der sich beim Pinkeln in Hockstellung in freier Natur an einem Grashalm festhält und sich wundert, wenn dieser reißt.

Sie ist die vermeintlich begehrte, gestresste Karrierefrau, für die es schon eine Zumutung ist, ein Profil auszufüllen. Erkennt denn niemand, wie toll ich bin? Für sie ist Daten das Gleiche wie Casten. Als echte Krämerseele klappert sie gnadenlos alle Kriterien ihres Gegenübers ab. »Wir können uns ja auch unsere Lebensläufe zuschicken«, meinte ich mal im Scherz. »Ja, wäre doch praktisch.«

Kategorie-Nr.-1-Frauen sind gänzlich humorfrei. Sie: »Was war das schönste Kompliment, das du einer Frau gemacht hast?« Ich (genervt): »Meine Erektion.« Sie: »Okay. Na, lassen wir das mal, äh, so STEHEN.«

Profilnamen: Bella84, Porsche82
Prädikat: Katzenbergergold glänzt auch, ist aber nichts wert.

138

Kategorie Nr. 2: Die »Ich-hau-dir-gleich-in-die-Fresse«-Frau

Hier kommt Miss »Ich weiß genau, was ich will«. Obwohl sie nicht von umwerfender Attraktivität ist und das vermutlich auch weiß, tut sie so, als sei sie wahnsinnig begehrt. Um das zu zeigen, werden klare Ansagen im Statement gemacht. »Keine Glatze, nicht über 35 Jahre, keine Raucher, keine Spinner.« Wenn sie jemand anschreibt, wird sie rabiat. »Hey, wenn ich nicht zurückschreibe, hab ich kein Interesse! KEIN INTERESSE! Ist das so schwer zu verstehen, ihr Vollhonks??«

Typ Nr. 2 verwechselt andauernd Temperament mit Aggressivität. Die Stimmung auf dieser Art Profil ist so explosiv wie zwischen Alice Schwarzer und Verona Pooth im Frauenknast bei doppelter Zellenbelegung. Wer sich dieser Spezies nähert, wird weggebissen wie von einem Pitbull auf Ecstasy. Ob diese Masche wohl bei irgendeinem Mann ankommt? Schon als noch ganz kleines Einzelkind hat sie schließlich gerne mit dem Besteck auf den Tisch gehauen und gerufen: »Ich will, ich will, ich will.« Dabei ist sie im Wesentlichen geblieben. Nur ist sie jetzt erwachsen, und keiner sagt ihr das. Eine Profilkategorie, die spontane Hasseruptionen provoziert und daher bestens geeignet ist für koordinierte Niveaulosigkeiten des Hirschen.

Profilnamen: _suesse87_
Lieblingsfilm: Endlich Prinzessin!
Prädikat: Unterschichten-Online-Unterhaltung

Beispiel: Maryleen (25)

 »Ich suche nur eine feste Beziehung, du darfst dich melden, vorausgesetzt: – du rauchst nicht – du suchst auch eine feste Beziehung – du trinkst keinen Alkohol, wie ich – du bist berufstätig – du kommst aus Hamburg, besser noch, aus der Nähe – du siehst gut aus – du wiegst nicht mehr als ca. 80 kg – also bis gleich.«

Kategorie Nr. 3: »Die total verrückte Nudel«

Tri-tra-trallalla – das Dating-Kasperle ist da!

Auf diesem Profil ist täglich Karneval, Polonaise und Oktoberfest gleichzeitig. Die verrückte Nudel ist zwischen 19 und 24 Jahre alt, macht meistens »was mit Medien«, ist erst seit Kurzem in Berlin, hat »Hummeln im Hintern« und würde am liebsten ganz viel und ganz oft was mit ganz vielen coolen Leuten unternehmen. Auf den Fotos räkelt sich ein kleines Art-Model mit Riesenbrillen und 100 Outfits.

Und sie schreibt. Jaaaa!!! Jeder Satz muss mindestens mit drei »!!!« beendet werden oder IN GROSS-LAUT-SCHREI-SCHRIFT auch dem Letzten klar machen: Hier ist Kleinkathrinchen aus Hinterbützenhausen im Südschwäbischen, die in der großen Stadt keine Freunde hat. Hört sie denn niemand??? Will denn niemand mal »cool clubben« gehen mit ihr??? Eine typische Neuberlinerin, wie es sie in der Stadt, wo der Nonkonformismus Massenphänomen ist, zuhauf gibt. Vorsicht: Sie wohnt in einer total abgefahrenen, neu sanierten Mädels-WG in

140

Prenzlauer Berg, deren hochgepushte Miete (die Mediziner-Eltern zahlen gerne) gleich das gesamte Viertel in den Pseudo-chic-Strudel gerissen hat, und feiert jeden Samstag in der Kulturbrauerei bei pappsüßen Mädchencocktails, dass sie jetzt dazugehört. Wozu auch immer.

Profilnamen: mehr_lametta; Furzgurke, crazycool, borderline
Prädikat: Bitte nicht zu authentisch

Der Vogelfänger bin ich ja

Ich fürchte, wenn man Kreativität will, muss man nach Kreativität fragen. Heutzutage wird ja gecastet: Voice of Irgendwas, Supertalent oder Topmodel. Das machen wir! Wir spielen HSDS: Hirschi sucht den Superspruch.

Mein Statement wird zum Gewinnspiel. Hauptgewinn: natürlich ich! Bescheidenheit ist sowieso eine ganz schlechte Erfindung, vor allem im Internet:

 »Die Frau, die mir den lustig-versautesten Spruch auf den Pferdeschwanz schickt, lade ich in die Zauberflöte ein. Mal sehen, was das wieder für Assoziationen weckt. Deadline: Freitag, 19. Dezember. Auch für Operneinsteigerinnen übrigens bestens geeignet. Gläschen Wein in der Pause inklusive. Bitte nur bis 35 J.
Der Rechtsweg ist ausgeschlossen. Der Linksweg (Bestechungsversuche mit weiblichen Reizen etc.) auch. Hier geht's um den Inhalt eures Köpfchens, Mädels, nicht des Körbchens.«

120 E-Mails nach vier Tagen! Ha! Wer sagt's denn ... Nein, ich verschenke keine Louis-Vuitton-Taschen! Ich mache nur ein Gewinnspiel auf einer Singlebörse! Der Deal ist ganz einfach: Wer mir binnen einer Woche den versaut-lustigsten Spruch auf mein Pferdeschwanz-Statement schickt, wird von mir in eine Vorstellung der Zauberflöte in die Deutsche Oper Berlin entführt. Wein in der Pause inklusive.

Ich kann weder singen wie Papageno noch kann ich mit einer Zauberflöte dienen. Doch aus irgendeinem Grund will halb Deutschland mit dem Hirsch in die Oper. Die »Täubchen«, »Weibchen« oder »Liebchen« von heute interessieren sich vermutlich ebenso wie damals für Vögel, Engel und Freimaurersymbolik. Für was sonst?

Na gut, von den (ungelogen!) fast 180 Frauen, die mich in einer Woche aus Berlin, Marburg, Kassel, Leipzig, Dresden, Hannover und Hamburg anschreiben, haben ungefähr 120 die Teilnahmebedingungen nicht verstanden. Lustiger Spruch? Was gibt's denn da nicht zu verstehen? Knapp 50 ernsthaft-lustige Beiträge werden es dann doch noch, dazu noch vier Mal »Spinner!! :))«, zweimal »Du bist die geilste Sau hier!!!«, drei ungefragt aufgedrängte Telefonnummern und acht direkte Bestechungsversuche.

Werfen wir mal einen Blick auf die Einsendungen.

Bezwingend

versucht es K. (29) aus Potsdam: »Hey, du Vogel-(Mädchen-)Fänger, lass mich deine Pamina sein! Sonst mach ich dir die Königin der Nacht – und das willst du als Opernfan todsicher nicht hören ... ;-)«

142

Hirschis Opernkritik: Leider hat niemand dieser Teilnehmerin gesagt, dass Zwang und Drohungen gepaart mit Hochfrequenztönen von Hirschen geistig nicht erfasst werden können. 2 Sterne von 5: Leider komplett ausverkauft.

Behämmert

zu sein ist Hansi Hirsch schon mindestens die Ouvertüre wert, denkt sich wohl S. (25) aus Berlin und liegt mit ihrem Gedicht gar nicht so daneben: »Das Flötchen hat ein Knötchen in seinem Popöchen. Ganz nach dem Motto: Texte ohne Sinn bringen anscheinend den Gewinn.«

Hirschis Opernkritik: Die Teilnehmerin nimmt das Klischee des Opernbesuchs als Westberliner Mumienversammlung treffend auf die Schippe. Allerdings sind verschluckte Stöcke oder Besenstiele im Arsch doch etwas plastischer als Knoten in Flöten. 3 Sterne von 5: Fast ein Stehplatz.

Betrunken

allein ist schön, betrunken zu zweit ist besser, so die Motivation von A. (58) aus Dresden: »Die Zauberflöte kenn ich schon, ich würde nur den Wein wollen.«

Hirschis Opernkritik: Wie immer, wenn es etwas umsonst gibt, besteht die Gefahr der Trittbrettfahrerei. Die Teilnehmerin hätte zwar gut zu dem durchschnittlichen Opernpublikum gepasst: den »AARs« (Anonyme Alkoholiker im Ruhestand). Aber die treffen sich auch schon vor der Vorstellung bei »Willi am Eck« auf einen Shot Klosterfrau Melissengeist. 1 Stern von 5: Hirschi gibt den ersten aus.

Belustigend

sind die Beiträge, die niemand versteht. So wartet der Satz »lasss uns rednn, büdde« einer 19-jährigen Hamburgerin immer noch auf Dekodierung durch die Codeknacker des CIA. Fast schon ertappt fühlte ich mich von F. (34) aus Düsseldorf: »Oh mein Gott, bischdunfake?«

Hirschis Opernkritik: Watt ihr wolle jetze? Habe nix Stern, nur Flyer für Deutschkurs an der VHS.

Bestechend,

wenn auch etwas zu subtil ist das Angebot von L. (27) aus Berlin: »Ähm, Tschuldigung, Ficken?« Auf die dritte Zugabe spekuliert offenbar auch eine 48-jährige Weinkennerin aus Wilmersdorf: »Schade, dass man mit über 35 für die Zauberflöte schon zu alt ist … hoffentlich bist du bei dem Wein wählerischer … die reiferen schmecken einfach besser ;-)«

Hirschis Opernkritik: Das wohl älteste Thema der Welt und Hauptexistenzgrund der Kunstform Oper wird hier entwaffnend ehrlich thematisiert. Wer so viel über Opern weiß, darf zur Abwechslung auch mal *DSDS* gucken. Zwei Gratis-Fernsehplätze für die Damen und ein »Sterni« (= Sternburger Pils) ist mir das wert.

Beleidigend

und gleichzeitig bestechend ist die todsichere Erziehungsmethode einer 44-jährigen zweifachen Mutter aus Reinbek bei Hamburg: »Dir gehört mal deine Zauberflöte durchgepustet, du Berliner Göre, du :-)«

Hirschis Opernkritik: Leider entspricht Ihr Beitrag nicht unseren Teilnahmebedingungen. Er enthält sowohl beleidigende als auch belästigende Elemente. Bitte formulieren Sie Ihren Beitrag neu. Danke. Und 5 Sterne von 5 an Hamburgs Kultlokal »Ritze«.

Und nun zur Auflösung des objektivsten Gewinnspiels, das es je auf eine deutschen Single-Börse gab, veranstaltet von »dem, bei dem wo nur noch das Ego größer ist als sein Teil«:

Also, lieber Hansi, wer soll nun dein Herzblatt sein? Die Dame, die »Die Zauberflöte« für die Fortsetzung vom »singenden klingenden Bäumchen« hält – Kandidatin A, oder doch lieber Kandidatin B, die zwar keine zwei Sätze geradeaus schreiben kann, dafür aber »jeden Tag lebt, als wäre es ihr letzter« (warum hat Gott in solchen Fällen eigentlich kein Erbarmen und erlöst die Gute? Das muss doch anstrengend sein mit der Zeit ...), oder doch lieber Kandidatin C, die neben hinreißenden körperlichen Attributen auch noch scheißndreck intelligent ist und die Zauberflöte schon lange nicht mehr gesehen hat, aber eh die Bergmannsche Version bevorzugt?

Begründung der Jury: Das richtige Package aus Kreativität, Intellekt und Nonchalance (Missachtung der Frage!), das suchte Hansi.

Der Preis für die Unterbietung meines eigenen, bereits sehr niedrigen Niveaus geht an eine geistige Flachwassersportlerin aus Siegen für den Satz: »Mach mir den Schwanzi-Hirsch!«

Und für alle unkreativen Königinnen der Umnachtung

gilt wie immer: Nicht traurig sein. Hansi veranstaltet sicher auch mal 'nen Contest in Richtung »Hab die Haare und die Möpse schön ...« Da könnt ihr dann wieder punkten.

Hirsch trifft Bambi: Ein Lustspiel in drei Akten mit Zugabe

Es ist Freitag, 15 Uhr, noch viereinhalb Stunden bis zur Oper. Meine Augen sind viereckig, die Finger wund und das Sakko noch knittrig. Eine Woche lang habe ich im Internet Frauen mit Gewinnspielen bespaßt. Alles für *ein* einziges Date mit einer Unbekannten.

Ich weiß, Mama, dass du mich nicht deshalb neun lange Monate unter deinem Herzen getragen, mich unter Schmerzen geboren und noch größeren Schmerzen aufgezogen hast, damit ich mich nun in einen Hirschen verwandele. Aber leider ist es so: Erst als ich zum Arsch mit Hirschgeweih und Riesenpenis wurde, fing überhaupt mal eine Frau an, sich für mich zu interessieren. Ich glaube, die inneren Werte kommen jetzt irgendwie besser zur Geltung. Das glaube ich bis 17.30 Uhr.

Um 17.31 Uhr blinkt eine Mail: »Du, sorry, ich bin heute Abend leider nicht in Berlin. Musst dir leider eine andere Papagena für dein Date suchen!«

Was denn? Wie denn? Was soll das jetzt? Die zweite Gewinnerin wollte mir die Zauberflöte durchpusten, kommt aber leider aus Hamburg, die dritte Gewinnerin aus Hannover. Der Spruch der Viertplatzierten reichte allenfalls für einen Kurzen in »Willi's Eck«, denn sie wollte ja eh nur den Wein. Eine Woche habe ich jetzt im

Internet Frauen mit Gewinnspielen bespaßt. Für *kein* Date mit einer Unbekannten. Mamaaa!

Jetzt hilft nur noch »Plan B«.

Ouvertüre: Der Abendkassen-Aufriss

19.20 Uhr. Noch zehn Minuten, bis der Vorhang aufgeht. Ich stehe in der Opernlobby vor den Kassen. Vor mir ein Meer aus circa 200 weiß und grau behaarten Köpfen. Oper ist wie Kaffeefahrt mit Kultur. Dazwischen ein verloren wirkender ARD-Nachrichtensprecher mit Frau, der sich durch eine Mauer von zwei fränkischen Schulklassen zur Garderobe vorkämpft.

»Plan B« bedeutet für mich vor allem eines: richtige Altersklasse finden. Das ist gar nicht so einfach, wenn man weder der Verführung Minderjähriger noch der Erbschleicherei bezichtigt werden will. Mein Zielobjekt hat braune Haare, einen Haarkranz auf dem Kopf wie Prinzessin Leia aus *Krieg der Sterne* und einen Blick wie Bambi, wenn der Wolf schon mitten im Hühnerstall steht. »Hast du auch noch keine Karte?«, frage ich das leicht verloren wirkende Reh. Jetzt guckt sie, als hätte sich der Wolf bereits in ihrem Hals verbissen. Dann lächelt sie dankbar und scheint sich sogar etwas zu freuen, dass ich ihr etwas Gesellschaft leiste. In Loge B taut sie dann auf. Sie kommt aus Münster und studiert Germanistik. Okay, denke ich, eine angehende Deutschlehrerin. Das muss ich heute wohl in Kauf nehmen.

Wir tauschen Nummern aus, dann heißt es schon: »Pssssst!«

Zwei Wochen später rufe ich sie an: »Wollen wir bei mir etwas kochen?«

Erster Akt: »Zu Hilfe, die Schlange, sonst bin ich verloren!«

Meine Erfahrungen mit Germanistikstudentinnen waren bisher äußerst begrenzt. Wie kriegt man die rum? Ich rufe Kumpel Olli an, seines Zeichens Deutschlehrer.

»Ein Haarkranz auf dem Kopf, sagst du? Vielleicht sogar eine Art Dutt? Das bedeutet Mittelstandsmädchen-Alarm!«

Mist, denke ich. Das verheißt nichts Gutes. Aber danke, Olli. Geflochtene Haare sind also ein modernes Keuschheitssymbol und bedeuten: Ich bin anständig. Meine Eltern wollen das so. Ich werde Lehrerin. Wir kochen ja nur was zusammen. Gut, gut. Noch größer als die Angst des Prinzen aus der Zauberflöte vor der Schlange ist offenbar nur die der Deutschlehrerin vor dem einäugigen Hosenwurm. Verdammt, wie kriege ich diese Frau nur ins Bett? Äh, ich meine natürlich in den Worten Papagenos: »Oh, so ein sanftes Täubchen wäre Seligkeit für mich.«

Egal erst mal. In meiner Küche ist Krieg. Es sieht aus wie in einem Splatterfilm à la »Kettensägenmassaker auf der Viehweide Teil 3«. In allen Töpfen brutzelt, brodelt und dampft es. Hier ein Hirschragout in Rotwein, dort der Wildreis, und auf der dritten Platte das Gemüse mit Speckwürfeln. Oh Gott, eine Frau kommt zu Besuch! Ich kippe vor Aufregung die erste Flasche Weißwein allein.

Dann klingelt es an der Tür. Die Tür öffnet nicht mehr der cool-relaxte Opernhirsch, sondern ein betrunkener russischer Saunameister nach 100 Meter Freistil in einer Fritteuse.

Zweiter Akt: »Sei standhaft, duldsam, verschwiegen«
Diese Mahnung der drei Engel aus der Zauberflöte klingt mir noch in den Ohren. Standhaft? Das versteht sich ja von selbst. Mein Problem ist inzwischen eher das Gegenteil: Wie verstecke ich meine »Vorfreude« neben den zwei Hasenpfoten? Duldsam? Geduldig war ich ja wohl lange genug. Mal ehrlich: Wie lange date ich schon? Und verschwiegen ... na ja, dafür müsste es ja etwas zu erzählen geben.

Die erste Stunde vergeht mit einer Einführung in die Untiefen des Germanistikstudiums an der Universität Münster. »Habt ihr auch schon auf Bachelor und Master umgestellt?« – »Mmmh.« Aha. Langsam wird es Zeit für mich anzugreifen.

»Und, hat's geschmeckt?« Das Täubchen und der Vogelfänger haben gut gegessen, die erste Flasche Merlot ist leer, und die Bäckchen des Täubchens sind schon etwas rot. Ich lege meine Hand auf ihre und grinse. Sie zuckt zurück. »Äh, ja ... ja! War lecker«, sagt sie in einem Tonfall, als hätte ich gefragt, ob sie heute nichts unter ihrem braunen Kleid trägt.

»Dann gehe ich mal den Nachtisch holen.«
Meine Hose geht wie immer voraus.

Dritter Akt: »Von Männern, welche Liebe fühlen«
In der Zauberflöte bindet sich Papageno vor Verzweiflung schon den Strick, weil er keine Frau findet. Erst als er ein magisches Glockenspiel ertönen lässt, klappt es und er findet seine Papagena.

»Kannst du auch Klavier spielen?«, fragt das Täubchen und deutet auf mein Klavier im Wohnzimmer. Uff, denke ich. Das ist aber jetzt keine gute Idee. Betrunken und auf

Kommando zu spielen ist äußerst ungünstig. Auch wenn es mit einer Frau mal blendend lief, überlegte sie es sich oft noch im letzten Moment anders, nachdem sie mich spielen gehört hatte.

»Wir können es ja gemeinsam versuchen«, schlage ich vor. Die Klavierbank ist nämlich ziemlich eng für zwei.

Ich stimme ein zittriges »Hello« von Lionel Richie an und schwenke dann auf ein nicht weniger wackliges »Imagine« von John Lennon. Es ist das erste Lied im Heft für Anfänger. Noch vor »Imagine no religi-i-i-ons, it isn't hard to do« springt Bambi plötzlich wie ein Kastenteufel auf meinen Schoß, umschlingt mich mit ihren bestrumpfhosten Beinen und schleckt mich von oben bis unten ab, als wäre ich ein 1,85 Meter großes Magnum Mandel.

Vierter Akt: »A-a-a-a-a-a-a-aaaaa! Oder:
Die Arie der Königin der Nacht«
Hm. Wie beschreibe ich jetzt den letzten Akt, ohne dass meine Mutter einen Herzinfarkt bekommt, mein Vater mich enterbt und Frau Kilian mich für einen schmierigen Opern-Aufreißer hält?

Okay, nur so viel:
Erstens: Olli hatte unrecht, die Haarkranztheorie ist ab sofort hinfällig.
Zweitens: Germanistikstudentinnen können singen. Manchmal jedenfalls. Ich habe sehr deutlich ein »hohes A« herausgehört.
Drittens: Germanistikstudentinnen können auch laut singen. Das merkt man spätestens, wenn die Nachbarn spontan mit den Fäusten gegen die Wand applaudieren.

Viertens: Germanistikstudentinnen können sogar singen, wenn sie ein Kissen im Gesicht haben.

Ich finde, ihre Eltern können stolz auf sie sein. Danke, Mozart!

Der Quälgeist

Mit »Post-it-Frauen« haben wir ja bereits Bekanntschaft gemacht. Zur Erinnerung: Das sind diejenigen Frauen, die wie die kleinen gelben Zettel immer mal wieder um Aufmerksamkeit buhlen. Mails, deren einziger Inhalt ein »Huhuuu« oder »Wollte nur mal 'nen Gruß dalassen« ist, sind ihre Geheimwaffe. Und wie die Bürozettel kleben sie an einem, und man wird sie nur schwer los. Meine Germanistikstudentin ist leider kein Post-it gewesen, schade, schade. Ihr Praktikum endete genau eine Woche nach unserem Date, und sie musste wieder zurück nach Münster.

Eine besondere »Post-it-Frau« ist »BerlinerKindl44«. Seit ich im Internet unterwegs bin, vergeht kaum eine Woche, in der sie nicht einen Gruß auf dem Grüße-Berg ablegt oder versucht, mich auf ein Bier einzuladen. »Mal eben so, nach der Arbeit, Lust?«

Das Problem ist nur: Je häufiger sie das macht, desto mehr bekomme ich es mit der Angst zu tun. Eine Stalkerin hätte mir gerade noch gefehlt. Und dann sieht sie auch noch aus wie ein Mäuschen: rundes Gesicht, Pagenschnitt wie Prinz Eisenherz und circa 120 Kilo Lebendgewicht. Da wird alles, was mit Nähe zu tun hat, irgendwie bedrohlich, finde ich. Welchen Grund sollte ich also haben, sie zu treffen?

Viel spannender ist da die Nachricht, die mich von »Emma40« aus Berlin erreicht. Sie fragt gleich in der ersten Mail: »Sag mal, du Hirsch, stehst du auch auf die härtere Gangart?«

»Geil«, denke ich. »Ne Domina! Das wird bestimmt lustig.«

»Klar stehe ich auf SM«, lüge ich frivol. Emma lasse ich mir sicher nicht entgehen. »Auf was genau?«, fragt sie kritisch. »Ich stehe nämlich nicht so auf Anfänger.« Ich phantasiere etwas von Peitschen, heißen Kohlen und Handschellen. Von SM habe ich null Ahnung. Bei Peitschen denke ich an Indiana Jones und bei Andreaskreuzen an Bahnübergänge. Sonst an nichts. Sie ist immer noch skeptisch, aber es reicht aus, um mich zu treffen.

Ich öffne die Tür zum Café, blicke auf den Tresen, dann in die Runde und schließlich in die rechte Ecke. Wo ist sie denn? Ich drehe mich um die eigene Achse. Ein Mal, zwei Mal. Und bleibe mit dem Blick in der rechten Ecke hängen. Mir stockt der Atem. Die kenne ich doch!

In der rechten Ecke sitzt eine große, sehr dicke Frau mit rundem, freundlichem Gesicht und Pagenschnitt: »BerlinerKindl44«, mein großes, gelbes, klebriges Post-it. Emma sei ihr Zweitprofil, erfahre ich, was aber überhaupt nichts mache, denn auch Prinzessin Eisenherz stehe auf mittelalterliche Folterspiele. Und somit haben wir ein Thema, über das wir zwei Bier lang sprechen: glühende Nadeln, Klammern, Lederkorsagen, Spielwiesen und den Farbton von Geschlechtsteilen, wenn sie in Ringe gequetscht werden. Meine nicht vorhandene SM-Erfahrung fliegt schon nach fünf Minuten auf.

Sie: »Na, was hast du den schon in Richtung SM ausprobiert?«

Ich: »Na ja, Haare ziehen und ein Klaps auf den Po ist schon mal drin.«

Sie (mildes Lächeln): »Das ist noch kein SM, das ist eher so Ringelpietz mit Anfassen, was du meinst.«

Aha, denke ich. SM ist also Ringelpietz mit Auspeitschen.

Über Fetische zu reden ist in etwa so, wie über seltsame Hobbys zu reden. Wenn man nicht gerade das gleiche Interesse hat, ist es ziemlich langweilig. Und ich stehe einfach nicht auf SM. Ich finde es weder pervers noch übermäßig ausgefallen. Es interessiert mich nur nicht. Genauso gut hätte sie mir mit Begeisterung davon erzählen können, dass sie rosa Tauben züchtet, Geranien zwischen Buchseiten trocknet oder Kratzbildchen herstellt. Ich hätte höflich genickt und mein Bier genauso schnell getrunken.

Und so erfahre ich nebenbei und ohne es wirklich zu wollen, dass sie als Geschäftsfrau »in leitender Stellung«, wie sie sagt, eben in ihrer Freizeit in Läden geht, die »Schwelle 7«, »Gargoyle« oder »Quälgeist« heißen. Dort trifft man dann allerhand skurrile Gestalten an: eine dicke Frau mit Bart, eine Zwergin, einen Muskelmann mit Brüsten, eine Lesbe in Armeeklamotten oder seine Azubine in bedenklichen Stellungen. Das sei einem Bekannten von ihr mal passiert. Mein Interesse ist noch immer nicht geweckt. Das Berliner Nachtleben ist bunt. Und die menschliche Sexualität auch. Wer wusste das nicht? »Und dann zieht ihr euch am Penisring durch die Manege?«, will ich wissen. »Na ja, kommt darauf an, wer auf was steht. Ich bin ja eher devot«, meint sie.

153

Ich reiche ihr die Hand zum Abschied und bedanke mich für die tiefen Einblicke. Sie guckt etwas traurig.

Hätte ich ihr etwa zum Abschied links und rechts eine verpassen sollen?

Wie man es macht, macht man es falsch bei den Frauen.

Jetzt wird's schmutzig – oder: »Warum liegt hier eigentlich Stroh?«

Es ist Samstagmittag, und in meinem Postkasten blinkt eine Mail:

»Hi, hier ist Amber Waves. Na, Dirk Diggler, was machst du heute Abend so?«

Ambers Nickname ist eigentlich »Katja-Cat«, sie ist 34, 1,67 Meter, blond, macht was mit Medien, liest *Spiegel* und *Stern* und fährt gerne nach Sri Lanka in den Urlaub. Und sie mag Hirschis Lieblingsfilme. Deshalb nennt sie sich auch »Amber Waves«.

Einer von Hirschis Lieblingsfilmen ist nämlich *Boogie Nights*. Mark Wahlberg spielt darin Hansi Hirschs heimliches Vorbild, den Pornostar der 70er-Jahre Dirk Diggler, der mit circa 25 Zentimetern »Talent« gesegnet ist und damit unter anderem »Rollergirl«, eine leicht unterbelichtete Blondine auf Rollschuhen, und eben »Amber Waves« beglückt. Der Film ist nicht nur eine Hommage an die goldene Ära des Pornofilms, sondern hat auch zeitlose Dialoge hervorgebracht.

Dirk mit Kumpel »Chest Rockwell« beim Schuhekauf:

Dirk: »Das sind sie, die sind wirklich der Hammer!«

Chest: »Ja, die sind echt cool, sind die aus Croco?«

Dirk: »Nein, die sind aus Italien.«

Dirks Talent ist – na ja, sagen wir mal – eine Inselbegabung.

Für alle, die es nicht wissen: Woran erkennt man einen »echten« Pornofilm der 70er- und 80er-Jahre? Es darf an Handlung nichts passieren. Die Sexszenen müssen sich vollständig von der Normalität abheben. Deswegen muss zwischen den Szenen jede Menge tote Zeit überbrückt werden: Menschen steigen in Busse, fahren von einem Platz zum anderen, steigen wieder aus, essen ein Eis, sitzen in Restaurants usw. Oder um es mit Umberto Eco zu sagen: »Bis man einen ordentlichen Fick zu sehen kriegt, muss man einen Werbespot des städtischen Verkehrsreferats über sich ergehen lassen.« Glücklich war da, wer einen Videorekorder mit Zeitraffertaste besaß.

In *Boogie Nights* konzentriert man sich bereits auf das Wesentliche. Die Regieanweisung für einen Pornofilm klingt so: »Szene 1: Amber spricht mit Beckie. Dann kommen sie zur Sache. Szene 2: Rick will bei Amber vorsprechen. Dann kommen sie zur Sache. Szene 3: Sie werden von Beckie unterbrochen. Dann kommen sie zur Sache. Szene 4: Dirk erwischt Beckie. Sie kommen gleich zur Sache.«

So etwas in der Art hätte ich auch mit Katja vor. Ich präsentiere ihr aber erst mal ein jugendfreies Drehbuch. Nur so zur Sicherheit. Man kann später ja immer noch die ein oder andere »Handlung« einfügen, so mein Plan.

»Wie wär's, ich koche uns heute Abend was Feines, und du besorgst den Wein?«, maile ich ihr. Amber ist einverstanden. »Ich habe noch eine Flasche Rosé, die ›sexy‹ heißt, daheim«, schreibt sie.

Fein, denke ich. Dann kommen wir ja gleich zur Sache.

Szene 1: Dirty-Small-Talking – sie kommen noch nicht zur Sache

Dirk (Hansi Hirsch) und Amber Waves (Katja) sitzen im Wohnzimmer, trinken Wein und sprechen – über? Natürlich ihre Hobbys.

Dirk: »Was ist eigentlich dein Lieblingspornofilm?«

Amber: »Das ist *The Devil in Miss Jones*. Und deiner?«

Dirk: »*Der Frauenarzt vom Place Pigalle.*«

Amber: »Und warum gerade der?«

Dirk: »Wegen der Handlung natürlich! Ein Frauenarzt in Paris bietet eine Spezialbehandlung für seine Patientinnen an. Es werden Sätze gesagt, wie ›Tut Ihnen das weh, Madame?‹ oder ›Hören Sie, ich bin Arzt. Ich habe doch nur meine Pflicht getan!‹. Schon der Trailer zum Film verspricht: ›Für Dr. Moreau geschehen Dinge, die in keinem Lehrbuch stehen …‹«

Dann sind die lustigsten Pornotitel an der Reihe. Hier ist man sich schnell einig. Was als Kinofilm schon gut war, kann als Porno nicht schlecht sein. Filme wie *Bens Huren*, *Der Herr der Ingen* oder *Das Wunder von Bernd* stehen den Originalen sicher in nichts nach. Vom Porno-Pingpong geht es schnell zum Preis für den besten Dialog. Den bekommt einstimmig eine Kultszene aus dem Film *Achtzehneinhalb*, Folge 18, Magmafilm. Eine Frau im schwarzen Negligé führt einen Mann mit schwarzer Maske in eine Art Stall.

Sie: »Ja, das ist unser Stromkasten, mit dem wir immer Probleme haben. Wenn Sie sich den mal ansehen könnten.«

Er: »Mmmh. Ja, ja, aber warum liegt hier eigentlich Stroh?«

Sie: »Und warum hast du 'ne Maske auf?«

Er: »Hmm. Pfff. Na, dann blas mir doch einen.«

Man beachte hier vor allem die logische Verknüpfung zwischen »Pfff« und »Na, dann«.

Ach ja: In der Szene kommen sie natürlich gleich zur Sache. Auf Facebook hat die Gruppe »Warum liegt hier Stroh?« inzwischen über 4000 Fans. Das ist ungefähr so viel, wie mein bayerisches Dorf Einwohner hat. Wir sind also nicht allein. Wir kommen natürlich noch nicht zur Sache. Außerdem ist das Essen fertig.

Amber ist bestens ausgerüstet. Sie hat außer einer Flasche Rosé und zwei Schachteln meiner Lieblingszigaretten auch noch ein Pfund Garnelenschwänze im Gepäck. Zusammen mit Steak und Reis gibt das ein schönes »Surf & Turf«. In Szene 2 unserer kleinen Amateur-Inszenierung heißt es jetzt: Futtern und trinken.

Ich hätte noch gerne über den Frauenarzt vom Place Pigalle philosophiert. Sie möchte mir jedoch lieber von ihrem Exfreund erzählen. Der war ja soooo unmännlich! Wenn sie gestresst von der Arbeit nach Hause kam, fragte er, ob er ihr ein Bad einlassen soll. Ein Bad! Ich finde daran zwar nichts Verwerfliches, frage mich aber, ob sie nicht zu den Frauen gehört, die man besser vorwurfsvoll beim Nachhausekommen fragt: »Warum ist denn hier wieder alles voller Stroh, verdammt noch mal!?«

Szene 2: Sie kommen doch zur Sache
Ich lasse meinen Fuß unter dem Tisch an der Innenseite ihrer Unterschenkel als Testballon hochsteigen und grinse in mich hinein: »Tut Ihnen das weh, Madame?« Sie lächelt verschmitzt zurück.

»Nach dem Essen sollst du rauchen oder eine Frau gebrauchen!« ist einer dieser legendären Sätze, die ich

157

mir von meiner inzwischen längst pensionierten Latein-
lehrerin gemerkt habe. Im Geiste ziehe ich mir schon
die Croco-Schuhe aus und den Arztkittel an. Amber ist
in ihrem Drehbuch allerdings noch bei der ersten Alter-
native: rauchen. Inzwischen ist die dritte Flasche Wein
leer. Wenn ich jetzt noch mehr trinke, muss ich einen
Kumpel zur Verstärkung anfordern, denke ich. Amber
sitzt auf meiner Couch, raucht lasziv und knöpft sich
langsam die Bluse auf. Ist ihr nur heiß? Oder ist das ein
Zeichen für den Beginn von Dr. Moreaus Spezialbehandlung?

Was jetzt kommt, ist natürlich nur ein Gerücht. Und
eigentlich geheim, da Teil meiner ärztlichen Schweige-
pflicht. Laut der Arzthelferin Corinna L. aus Neuchâtel
soll sich aber folgende finale Szene zugetragen haben:

Es ist drei Uhr morgens. Dr. Moreaus Patientin lässt
sich äußerst bereitwillig in den Behandlungsraum führen. Eigentlich führt eher sie den Arzt als umgekehrt.
Anders als er kann sie noch sehr gut geradeaus gehen. In
Dr. Moreaus Kopf dröhnt es, als würden zwei Zwölf-Ton-
nen-Lkw ein Rennen im Karawankentunnel veranstal-
ten. Amber Waves soll allerdings Methoden gekannt
haben, um den Arzt von seinem Kopf abzulenken. Nach
der Voruntersuchung entwickelt sich das Verhältnis zwischen Patientin und behandelndem Arzt ausgesprochen
zufriedenstellend. Man versteht sich auch ohne Worte.
Nach den ersten drei Minuten knackt zum ersten Mal der
vordere Teil des Lattenrosts des Ikea-Betts.

Nach einem kurzen Wechsel der Behandlungsmethode
übernimmt die Patientin die Führung. Nun knackt es
bedenklich im unteren Teil des Lattenrosts. Amber soll
auf Dr. Moreau auf und ab gesprungen sein wie auf

einem Gummiball aus dem Sportunterricht. Es kommt schließlich, wie es kommen musste: Beim 657. Sprung gibt es einen lauten »Rumms«, und der Lattenrost kracht auf den Boden. »Liegst du noch oder fällst du schon?« oder so ähnlich heißt ja nicht umsonst der Ikea-Werbespruch. Angeblich soll dies die Patientin jedoch nicht davon abgehalten haben, sich weiter an ihrem Arzt zu vergehen. Erst um fünf Uhr morgens lässt Amber endlich von ihrem Opfer ab.

Hier endet der Bericht. All das darf bitte weder meine Mutter noch die Ärztekammer erfahren! Sonst verliere ich meine Approbation. Dabei habe ich doch nur meine Pflicht getan. Wie schade, dass Katja inzwischen in München wohnt.

Mit Pamina im Hipster-Land

Nickname: Pamina
Beruf: Opernsängerin
Sucht: Beziehung, Flirt, Freundschaft

Mein Zauberflötengewinnspiel liegt schon ein Weilchen zurück, als ich über dieses Profil stolpere und nicht schlecht staune. Ist das nicht die perfekte Frau für den Opern-Hirsch? Mozart hatte es ja schon einmal gut mit ihm gemeint und dem Vogelfänger eine Papagena ins Netz gelockt. Und jetzt trifft er sogar auf eine waschechte Opernsängerin. So schließt sich der Kreis.

Ich schreibe sie an und erfahre, dass sie aus Hamburg stammt und auch schon mal die Zauberflöte gesungen hat. Am liebsten singt sie aber unter der Dusche. Gott, bescheiden ist sie auch noch! Am nächsten Wochenende sei sie zufällig in Berlin, da habe sie am Freitagabend einen Auftritt. Aber so ab 23.30 Uhr könne man sich ja mal treffen.

Ich wäre ja am liebsten schon in die Vorstellung gekommen. Aber wo die stattfindet, verrät mir »Pamina« leider nicht. Wir sind deshalb im »Oberholz« verabredet, einem Szenecafé am Rosenthaler Platz in Berlin-Mitte, vor dem sich gern auch mal Alexandra mit ihren Kontakten trifft. Es ist schön zentral, hat aber einen Nachteil: hier herrscht akuter Hipster-Alarm. Das Oberholz ist so ziemlich das Ursprungsnest der Berliner Hipster-Bewegung. Wenn es irgendwann einmal ein Ei gegeben hat, aus dem alle Hipster-Küken geschlüpft sind, um sofort in Röhrenjeans und zu große Brillen hineinzuwachsen, dann lag dieses Ei hier im Oberholz. Das Café ist einer der Läden, in dem immer, also wirklich *immer*, egal ob es Nachmittag ist oder drei Uhr morgens, jemand mit einem Apple-Notebook am Tresen sitzt. Dazu muss man wissen: Der Hipster ist eigentlich eine Erfindung des Apple-Konzerns. Ein Werbecoup, der ungefähr so funktioniert: Man nehme eine Handvoll Jugendliche, kleide sie in American-Apparel-Läden neu ein, setze sie vor ein Apple-Notebook und einen Latte Macchiato an die Theke im Oberholz und bezahle sie fürs Internetsurfen. So entsteht nicht nur eine hippe Marke, sondern auch der Irrglaube, dass man mit Internetsurfen Geld verdienen kann. Oder so ähnlich. Die PR-Masche hat aber auch etwas Tröstendes. Wie jede Werbefigur werden Hipster irgendwann auch mal total »out« sein: so wie das HB-Männchen, der Marlboro-Cowboy oder Alice, das Telefonmodel, die es mit einem von Gaddafis Söhnen getrieben haben soll.

So, und wo ist jetzt meine Prinzessin aus der Zauberflöte?

Ich mogele mich an den blauen Neonstrahlern, der vanilleweißen Theke (beziehungsweise der Latte-Macchiatto-Ausgabestelle) und den Blicken der Hipster vorbei und steuere ein Mädchen mit lockigen blonden Haaren an, die dem Foto im Internet ähnlich sieht.

»Bist du Pamina?« Sie blickt auf.

»Bin icke wer??« –

»Öh, ich meine, bist du mit jemandem aus dem Internet verabredet?« –

»Seh icke so aus?« –

»Nee, lass mal, danke.«

Gut, dann halt nicht. Nächster Versuch. Am Fenstertisch sitzt ein kleines, zierliches Mädchen und guckt mich verloren an. Sie trägt enge helle Jeans und ein Top. Die lockigen Haare hängen ihr ins Gesicht, sodass fast nur die Nasenspitze zu sehen ist. Ein bisschen sieht sie so aus wie Tingeltangel Bob, der Assistent von Krusty dem Clown aus den *Simpsons*, nur mit einem Wischmop auf dem Kopf.

Es ist Pamina. Oder Sabine. Ganz schön zierlich für eine Opernsängerin, denke ich. Vor ihr liegt eine angebrochene Schachtel West. Sie raucht ganz schön viel für eine Opernsängerin, denke ich. »Schön, dass du es noch geschafft hast«, sagt sie. »Ich dachte schon, du kommst nicht mehr.« Sie schiebt ihre Haare etwas zur Seite, wie einen Vorhang. Ich sehe nun immerhin das halbe Gesicht. Ach ja: Und eine ganz schön piepsige Stimme für eine Opernsängerin hat sie, denke ich. Was ist denn hier los?

»Und, wie war die Aufführung?«, frage ich.

161

»Ja, lief ganz okay«, piepst sie zurück.

Sabine will erst mal über Partnersuche im Internet reden. Seit einer Woche sei sie erst unterwegs. Das glaube ich ihr natürlich nicht. Als Nächstes sagt sie mir noch, ich sei ihr erstes Date.

»Und du bist übrigens mein erstes Date«, sagt Sabine.

Sie werde ja vor allem von Lehrern angeschrieben. Das wiederum glaube ich ihr und nicke, um mein Mitleid auszudrücken.

Was ich mir so von unserem Date erwarte, fragt sie ganz offen. »Also, die meisten suchen ja Sex«, sage ich fröhlich in die West-Wolke hinein, die sie mir entgegenbläst. Wer eine ehrliche Frage stellt, soll eine ehrliche Antwort bekommen. Sie nimmt es stumm zur Kenntnis. Jetzt bin ich dran.

»Bist du wirklich Opernsängerin? Nicht wirklich, oder?«

Sie lächelt und schüttelt ihren Wischmopp. Sie sei Chemikerin in der Forschung. Und schreibe gerade an ihrer Habilitation. Ob das nun stimmt? Ich hatte mich so auf eine Anna Netrebko gefreut! Von der Opernbühne zur Reagenzglas-Schubse ist es schon ein weiter Weg, irgendwie. Sie ist durchaus süß und erzählt auch nett. Dass ihr letzter Freund zum Beispiel auch Chemiker am gleichen Institut war. Und dass es an ihrem Institut ja schon irgendwie jeder mit jedem getrieben habe. Ich kann mir den Kalauer nicht verkneifen, dass da wohl »die Chemie stimmte«.

Doch ich bin trotzdem enttäuscht. Die Luft ist raus, der Vorhang ist gefallen. Ich übertreibe ja auch maßlos auf meinem Profil. Aber so maßlos, dass man es merkt. Bei ihr verbarg sich hinter dem Vorhang aus Haaren offenbar noch eine ganze Menge mehr. Doch was genau da noch schlummert, muss sie jetzt leider jemand anderem erzählen. Vielleicht hat einer der Hipster ja bald »Dienstschluss«. Auf ein Um-die-Häuser-ziehen habe ich nicht wirklich Lust.

Zu Hause angekommen, klicke ich noch einmal ihr Profil an. Bei den 100 Fragen lese ich:

»Sind sie tendenziell ehrlich?«

»Immer.«

Alexandra hat auch noch geschrieben. Da scheint wohl jemand Interessantes dabei zu sein bei ihren Dates …

 ADEL SCHÜTZT VOR GEILHEIT NICHT

Herr Wundervoll

> »Hallo Alexandra, schön, dass du letzte Woche die Zeit gefunden hast, bei uns vorbeizuschauen. Und lieben Dank für das nette Gespräch über Berlin, Geschichte und gutes Essen … ☺ Ein ganz anderes Thema … Ich wollte hören, ob du dich die Tage bei einer Laufrunde anschließen magst. LG, Marc«

Es waren nur zehn Minuten, völlig unpassend für ein Nicht-Small-Talk-Gespräch – und dennoch haben sie Eindruck hinterlassen.

An die 50 Leute drängeln sich um Marc, als er an einem Freitag im August seinen ersten eigenen Laden eröffnet. Seine PR-Frau Maja steht draußen neben bunten »Jaheute-ist-Eröffnung«-Luftballons und hat ihre zwei beiden in ein enges Top gepresst. Sie begrüßt jeden mit einem quietschhohen »Hey Süße« oder einem tief geraunten »Hey Mister«, um anschließend jedes Mal in hysterisches Gelächter auszubrechen und mit »Hey, supi, crazy, dass du es geschafft hast!« abzuschließen. Wer Maja bucht, kann sicher sein, dass es bei seinem »Event« viel »Traffic« gibt.

An Wimper-Klimper-Maja vorbei beweist Marc, dass er dann doch Geschmack hat. Er hat dem geschätzt 80-Quadratmeter-Raum seine Weite gelassen, an der einen Seite lockt eine Tresentheke aus dunklem Holz mit glänzenden Schüsselchen voll frischem Obst und bunten Schoko- und Keksschweinereien die Gäste zum – heute natürlich für lau – Konsum, vor engagiert dreinblickenden und adrett aussehenden, durchweg jungen Angestellten in gestärkten Schürzen. Mittig stehen verteilt Tische und Stühle auf dunkel gebeiztem Boden, auf der anderen Seite Sofa, Sessel, Stehlampe und: ein hohes Bücherregal voller Gesellschaftsspiele, Bücher und einer erstklassigen *brand-eins*-Sammlung. Und hatte ich schon erwähnt, dass im Schaufenster die komplette Glasfläche zur Straße und zum Hof Orchideen verkehrt herum in Blumenkübeln hängen? Hätte es das *SZ-Magazin* nicht gerade erst als das neueste Design-Highlight für platzsparendes Wohnen angepriesen, mir wären die Dinger neu gewesen. Und dann auch noch Orchideen ... Da geht der kleine Nabokov-Ada in mir doch das Herz auf.

Entsprechend angetan strahle ich Marc an, als ich auf ihn zusteuere. Und entsprechend höflich strahlt Marc zurück. Ich weiß nicht mehr, was genau wir in den nächsten zehn Minuten besprochen haben, ich weiß nur noch, dass er mir inmitten dieser Eröffnungshektik eine Ruhe und zugleich Gier nach mehr von ihm verschafft hat, die ich in der Kombination so noch nicht erlebt habe. Zumindest nicht bei einem Menschen, der mir bis dahin noch völlig fremd war. Als habe es die aufgeregten »Ich habe-ja-immer-gewusst-dass-der-Marc-seinen-eigenen-Laden-aufmacht«-Freunde und »Heute-gibt's-was-umsonst«-Gäste inklusive Wimper-Klimper-Maja nie gegeben. Und als ich Marc und seinen Laden nach zehn Minuten wieder verlassen muss, weil ich zum nächsten Termin muss, bin ich den ganzen Rest des Abends während meiner zweiten Verabredung kurz davor, doch noch mal zu der Eröffnungsparty an der Friedrichstraße zu gehen ...

Der Verbindungsjunge

 »*Unternehmensberater, 28 Jahre, 194 cm. Ein erfolgsorientierter junger Mann, der schon früh eine Top-Position bekleidet und trotz adligem Background bodenständig geblieben ist. Schlanker Sportler, multilingual und kulturell interessiert. Jagt gern, fährt Ski, Typ: großer Junge. Interessiert an: Frauen.*«

»Grüß dich«, schreibt Friedrich via Facebook. »Würd dich gern mal kennenlernen, Ludwig hat mir von dir erzählt – was meinst, schaffen wir mal 'n Käffchen? Arbeite ja bei dir um die Ecke, am Gendarmenmarkt ... Oder, noch besser, ich bin Samstag auch auf die Party von Ludwig eingeladen, lass uns doch zusammen hin?«

Ludwig ist der gute Freund, den wir beide kennen. Der mir die »Eckdaten« zum schlanken Sportler mit Adels-Background geliefert hat. Den er selbst auch ganz gern mal erwähnt. Und da ich so oder so zu seiner Feier will, warum nicht zusammen mit Friedrich hin? Ist ja fast schon romantisch, mal so mit Begleitung auf einer Party zu erscheinen … Ich sage zu. »Hab vorher noch 'n Essen mit meinem Mentor«, schreibt Friedrich. »Aber dann lass uns doch direkt vor Ludwigs Tür treffen, halb zehn.«

Bin ich dabei. Samstagabend. Prenzlauer Berg. Schon von draußen hallt der Bass auf die Kastanienallee, hinter zugenebelten Doppelflügelfenstern schiebt sich schemenhaft eine Masse bunter Hemden durch die Partywohnung im ersten Stock. Friedrich, in cremefarbener Hose und dunklem Polo-Pulli mit Hemdkragen, begrüßt mich mit Handschlag und Kuss auf die Wange. »Hey, schön, dich endlich mal zu treffen«, sagt er.

Groß ist Friedrich. Mit vollstem Haar inklusive Naturwelle auf dem Kopf. Sehr angenehm. Nicht einer dieser Justin-Bieber-Verschnitte unseres Alters. Und er ist – wie angekündigt – schlank. Nicht schlaksig-schlank, mehr angenehm-schlank, so »was-zum-Greifen«-schlank. Wir klingeln. Keiner von oben reagiert.

Friedrich zieht mit lässigem Griff sein iPhone 4 aus der Hosentasche – »superalt«, wie er sein Handymodell der neuesten Generation nebenbei verächtlich nennt – und schreit nach ein paar Sekunden des Wartens »Georg, Alter, mach ma auf« in sein Gerät. Ich unterdrücke fix den Gedanken an meinen Bruder, der mal alle Adels-Verbindungs-Jungs als »ist 'ne reine Friedrich-Georg-Ludwig-Kiste« bezeichnet hatte, und folge meinem Adels-Verbindungs-Friedrich die Treppen nach oben. Da wartet

Georg mit bis zur glatten, weil noch nicht bewachsenen Brust geöffnetem Hemd und Flasche Bier an der Tür. »Hey, supernett, dass ihr noch kommt«, sagt er, drückt Friedrich das Bier in die Hand und verschwindet im Gewusel. Friedrich stürzt sich freudig erregt in die Masse, begleitet von Schultergeklopfe und »Junge, Alter, meganett, dass du auch da bist!«.

Ich drücke mich hinterher. Bis zur Wohnungstür drängeln sich die Leute. Jede Menge Perlenohrring-Mädchen in orangefarbenen 60er-Jahre-Hängekleidchen oder wahlweise versucht-verrucht im schwarzen Wollmini mit übergroßer Taillengürtelschnalle stehen in gackernden Grüppchen zusammen. Und junge Männer in Jeans und Hemd mit Bubi-Haarschnitt und Manschettenknopf am Ärmel begutachten das Angebot, während sie fachmännisch über ihre letzten »Cases« diskutieren.

Es ist ein bisschen so, als habe sich die Party aus dem Verbindungshaus in Freiburg/Münster/Heidelberg in die Großstadt verlagert. Zwar haben die Jungs mittlerweile alle einen wahrhaftigen Job als Unternehmensberater wahlweise Start-up-Verrückte – aber im Grunde wollen sie doch alle nur spielen. Oder trinken. Und tanzen. »Willst bisschen zappeln?«, schreit Friedrich mir ins Ohr. »Ich besorg dir noch was zu bechern!« Und weg ist er. Während sich mein Date Richtung Küche vorkämpft, schiebe ich mich in Richtung Wohnzimmer, aus dem Vocal-House-Musik im Wechsel mit im Radio-Moderator-Slang wohl als »bester Mix der 80er, 90er und das Beste von heute« bezeichneter Sound dröhnt.

Da kommt mir Ludwig entgegen. »Na, wie findest ihn?«, ruft er und grinst breit. »Ja, ist doch nett«, sage ich und grinse zurück. »Hab ihn halt noch nicht wirklich kennengelernt.« »Kann ja noch werden. Komm, ich stell dir noch ein paar Freunde vor«, sagt Ludwig und schubst mich in die Tanzmeute. »Das ist Friedrich«, sagt er und deutet auf einen schmächtigen Lockenkopf mit Brille, der sich gerade mit zwei weiteren Männern unterhält. »Hey«, sagt der, unterbricht das Gespräch und reicht mir die Hand. »Hey«, sage ich. Ist schon der zweite Friedrich an dem Abend. »Und das ist Georg«, sagt Ludwig zum zweiten Mann in der Runde. »Ist schon witzig bei euch«, schreie ich Georg ins Ohr, »ihr heißt echt alle Ludwig, Georg oder Friedrich.« Da reicht mir der dritte Mann der Runde die Hand. »Hey, ich bin Georg Ludwig Fried-rich«, sagt er. Und muss selber lachen. »Das ist doch jetzt 'n Witz, oder?!«, frage ich. Um verständnislose Blicke zu ernten. »Nee, wieso?«, fragt Georg L. F.

In dem Moment kommt Friedrich, also »mein« Fried-rich, mit einem randvoll gefüllten Plastikbecher dazu. »Sorry, die hatten nur noch Wodka oder Bier – da dachte ich, du trinkst lieber was Klares.« Er drückt mir den Alko-hol in die Hand und verschwindet wieder. Während ich auf Friedrich warte, unterhalte ich mich mit Ludwig, also meinem Ludwig, den ich ab sofort unter »Ludwig Maxi-milian« – so sein Zweitname – abspeichere, Georg dem Zweiten und Georg Ludwig Friedrich. Was ich übrigens auch den gesamten Rest des Abends tue – denn Friedrich kommt selten bis gar nicht wieder. Ab und zu schaut er vorbei, dann wimmelt er sich wieder durch die Menge.

Als er sich wieder einmal kurz zu uns stellt, sein Pegel scheint gefährlich gestiegen zu sein, sagt er erst mal gar nichts, hört mit halbem Ohr unserem Gespräch zu und wankt ein wenig. Und plötzlich schreit Friedrich Ludwig Maximilian entgegen: »Ey, ich hab die mal gegoogelt (dabei winkt er heftig mit seinem iPhone in der Hand) – und die schreibt über Penisse!« Das Bier in der anderen Hand wackelt gefährlich. »Nä!? Echt?!« Georg der Zweite japst nach Luft und starrt mich an. »Ist nicht wahr, krass, bist du bei der *Bild*? Erzähl! Triffst du da auch diese geilen Weiber von vorn? Ey, wenn du Hilfe brauchst – so bei den Fotos und so, da bin ich in fünf Minuten bei euch im Verlag! Klar, Alter, cool! Gib ma deine Nummer!« Er stößt mit Friedrich auf seine ultragewiefte Idee an und mustert mich fassungslos. Vielleicht hätte ich mehr von dem Wodka trinken sollen. Dass der Springer Verlag tatsächlich mehr Titel als die *Bild* unter seinem Dach vereint und dass diese doch tatsächlich reichlich mehr als das Seite-1-mittlerweile-im-Innenteil-Girl bietet, scheint der gute Georg noch nicht erkannt zu haben. Ob auf Salem wirklich nur *FAZ* und *NZZ* konsumiert werden? »Klar, die Hälfte der Mädels arbeitet doch bei uns, kommst einfach mal rum«, sage ich. Leider lacht keiner der Georgs oder Friedrichs. Nur Ludwig, also mein Ludwig Maximilian, grinst mich an. »Hey, mach dir nichts draus – die haben schon zu viel getrunken«, sagt er. »Nein, nein, alles gut«, sage ich. »Aber ich mach mich trotzdem mal auf.«

Eine Stunde später kommt eine SMS von Friedrich. »Hey, warum bist so spießig früh los, war doch 'n supernetter Abend?!?!?!« Äh, ja – das verstehe ich jetzt zwar nicht, aber egal. Muss ich ja auch nicht.

Herr Wundervoll, Teil 2

Obwohl ich Marc ziemlich gern wiedergesehen hätte, bin ich nicht zurück zur Eröffnungsfeier gegangen. Weil ich

Vollhorst mich nicht getraut habe. Gut, ich war zwar verabredet danach. Und so ein Abendessen unterbricht man ja auch nicht einfach. Obwohl der Mann, dem ich nun statt Marc gegenübersaß, es wahrscheinlich verdient hätte. Also, dass ich ehrlich zu ihm bin.

»Max, 28, mitten im Leben stehend, 1,85 m« stellte sich beim Treffen Unter den Linden als »Fahdi, 32, mitten im Nachtleben stehend« heraus. Und das dürften höchstens 1,70 Meter gewesen sein, die mir da auf dem Bebelplatz die Hand entgegenstreckten. Sein Grinsen mit perfekt polierter Zahnreihe zur dunklen Samthaut, der wache Blick und das offene »Hey, ich weiß, das ist nicht das, was du erwartet hast« ließen mich allerdings trotzdem mit ihm mitmarschieren und beim »Dudu« in der Torstraße landen. Ein Vietnamese in Mitte, dessen Sushi und Suppen zwar schmecken, der aber hauptsächlich durch lautes, Moscow-Mule-volles Szenepublikum auffällt.

Zu dem Fahdi offenbar auch gehört. Mit Handschlag vom Inhaber begrüßt, hatten wir sofort einen Platz und Fahdi Gelegenheit, sich zu erklären. »Ja, also mit 'nem Börsenmakler-Max trifft man sich wohl eher als mit DJ Fahdi«, vorverurteilt Fahdi meine Vorurteile. Dann beschreibt er ausführlich, wie »geil« sein Leben sei, was für »irre Leute« er als DJ so kennenlerne und dass er schon ab Samstag »off to Ibiza« sei und wir demnach gleich schnell mal in die Odessa Bar, dann King Size, dann Cookies sollten. »Obwohl ich dich da eigentlich gar nicht haben will«, sagt Fahdi dann noch. »Ach«, sage ich, während ich nach wie vor versuche herauszufinden, wie man mit diesen Stäbchen möglichst elegant die Nudeln aus so einer Pho fischt, ohne dabei alle im Restaurant an der Suppe teilhaben zu lassen. »Na, du bist ja echt keine Geile«, sagt Fahdi da.

Patsch. Mit einem ordentlichen Spritzer fällt die Nudel zurück ins Nass. Wieder nicht geschafft. Ich sage: »Danke, du wirst ja immer netter« und denke: Stille Suppen sind tief. Nur dumm, dass meine heute schon mehr Geräusche von sich gegeben hat als ich. »Na ja, also ich glaube, du bist eher 'ne Süße«, schiebt Fahdi hinterher. Zu spät. Für heute ist es gut.

Zwei Tage später. Marc hat geschrieben. Ob ich mich seiner Lauftruppe mal anschließen möchte. Und ob der Abend nach seiner Ladeneröffnung denn noch nett gewesen sei. Ich denke kurz an Szene-Fahdi – und antworte, dass ich unheimlich gern mal mitkommen würde. Natur, Sport, nette Leute, ganz viel Normalität – herrlich. Dumm nur, dass ich zu den Zeiten, wo er laufen geht, nie nicht nie können werde. Oder sollte ich sagen »Gott sei Dank«? Marc schlägt vor, dass wir dann doch einfach mal gut essen gehen sollten.

Wir treffen uns vier Wochen später, früher konnten wir beide nicht, vor den Hackeschen Höfen, nach der Arbeit, 21 Uhr. Bis Marc erscheint, bin ich drei Mal zu Starbucks reingelaufen, um auf der Toilette mein Oberteil zurecht-zuzuppeln und im Spiegel zu gucken, ob die Haare un-gewollt gekonnt genug aussehen.

Als ich nach dem dritten Mal wieder nach draußen laufe, kommt Marc gerade an und fragt, ob ich schon lange warte, es täte ihm leid. »Ach Quatsch, nein, alles gut, ich bin auch gerade erst gekommen«, lüge ich. Ich kann es nicht beschreiben, aber wenn er mich anstrahlt, kann ich einfach nur zurückstrahlen. Seine Augen sind so wach, sein Lachen so nett. Ich fühle mich einfach sofort erschreckend wohl, wenn er da ist.

Wir gehen zu einem kleinen Italiener in der Nähe, von

dem ich nicht mal mehr weiß, wie er heißt. Sehr versteckt liegt der, obwohl direkt hinter dem Hackeschen Markt. Im Innenbereich stehen höchstens zehn Tische rum. Marc begrüßt den Wirt und führt mich durch das Restaurant nach hinten in den Hof. Drei Tische sind dort, keiner besetzt, eingegrenzt durch einen Holzzaun mit Lichterkette und Gartenstühle aus Plastik auf Kies. Es hat ein bisschen was von »hier isst sonst nur das Personal« und ist doch so charmant. Marc bestellt für uns beide. Kurz überlege ich, ob ich protestieren soll, da ist der Kellner schon wieder weg. Und obwohl ich streng nach der Maxime »Joey teilt sein Essen nicht« lebe, habe ich schon bei der Vorspeise kein Problem damit, diese einfach zu brechen. Viel gieriger stürze ich mich auf Marc. Also, fragetechnisch.

Und Marc erzählt. Von seinen Berliner Ursprüngen, seinem Architekturstudium, seinem Job als Chefdesigner eines großen Unternehmens in London und Hongkong und seiner Rückkehr ins gute Berlin. Weil er hier was Eigenes schaffen, zur Ruhe kommen wollte. »Nach Hause«, wie er es nennt. Ich muss ziemlich dämlich aussehen, so begeistert starre ich ihn an. »Mehr, mehr, mehr«, denke ich, als er mir von den Anfängen seines Unternehmens erzählt, wie er auf die Idee, den Namen, den Ort, das Design, die Toppings, ach, einfach alles gekommen ist. Zwischendurch fragt Marc zurück, will von mir wissen, warum ich meinen Job so mag, meine Familie, meinen Hund so liebe. Gäbe es Gesprächsverkehr, hätten wir gerade ziemlich guten. Gegenseitig peitschen wir uns mit Wort und Ironie, erzählen erregt von unseren Leidenschaften, nehmen begeistert die des anderen auf. Oh Gott, und wie er mich dabei ansieht. So echt, so ehrlich, so wach.

Darf man mit Mitte 20 und Mitte 30 eigentlich noch kichern wie Kinder? Egal, machen wir. Der Kellner muss denken, wir hätten ordentlich was genommen vorher. Er sagt natürlich nichts, grinst nur, wenn er zu uns rauskommt. Und nachdem er den Hauptgang abgeräumt hat, sagt er: »So, also wir machen da vorne jetzt mal zu – aber macht euch keinen Stress, bleibt einfach hier sitzen, ich bringe euch noch Nachtisch und 'ne Flasche Wein, ziehe die Tür hier zu und ihr geht hinten durch den Hof gegenüber raus, was meint ihr?« Was wir meinen? Was meint denn die Uhr? Ach, halb zwei meint die. Der Wahnsinn. Wie lange kann man denn an einer Vorspeise – und es hat wirklich geschmeckt – rumessen? Scheinbar genauso lange wie an einer Nachspeise. Als Marc und ich das nächste Mal auf die Uhr gucken und im Hof um uns rum längst die Lichter in den Fenstern erloschen sind, ist es halb vier. »Ich weiß nicht, wann ich das letzte Mal so über mich und über Berlin nachgedacht habe«, sagt Marc. Ich möchte ewig mit ihm hier sitzen und über ihn nachdenken, denke ich. »Aber, sag mal, noch 'n Nachtisch geht, oder?«, fragt Marc. »Bin ich dabei«, sage ich. Ist ja auch fast schon Frühstückszeit, da kann man sich ja mal anschließen.

Wir räumen das Geschirr an die Restauranttür und steigen über das Gartentörchen im Holzzaun in den Hof, laufen durch die Einfahrt gegenüber hinaus und stehen mitten in der Woche mitten in der Nacht auf dem Hackeschen Markt. »Berlin schläft ja doch«, sage ich. »Na ja, fast«, sagt Marc, als uns auf dem Weg zu seinem Auto ein paar Touris entgegentorkeln. Wir grinsen uns an. Mal wieder.

»Schwarzes Café?«, fragt Marc im Auto. »Schwarzes

Café«, sage ich und verwerfe sofort Prinzip Nummer 2: »Nicht zu fremden Männern ins Auto steigen.« Dass dieser Mann aber auch weiß, wo man nachts die besten Torten futtern kann ... Carrot Cake für ihn, Russischen Zupfkuchen für mich. Dazu bröckelnder Stuck an der Decke und Musikstudenten-Publikum in der ehemaligen Altbauwohnung auf der Kantstraße, die bis auf ein paar Putzstunden immer geöffnet hat. Herrlich. Marc und ich lehnen uns auf unserer Bank im ersten Stock ganz hinten durch zurück. Ich muss an den wunderschönen Satz eines Kollegen in seinem letzten Artikel denken: »Sie fühlten sich im Schweigen wohl.« Marc und ich sagen erst mal nichts. Nur, dass wir uns wiedersehen sollten. Schnell. Was nur schwierig werden könnte. Weil er auch gern viel arbeitet. Und bereits seinen zweiten Laden plant. Der nächste gemeinsame freie Tag wäre ein Samstag, stellen wir fest. In zwei Monaten.

Um halb sieben setzt er mich zu Hause ab. Wir umarmen uns. In einer Stunde muss ich aufstehen. Und dann ganz schön lange warten, bis wir uns wiedersehen können.

Es war das perfekte erste Treffen, wenn ...
... er nicht nur von sich geredet hat.
... du wünschst, er hätte es getan.
... Standardfragen keine Rolle gespielt haben.
... du den Nachnamen-Test machst.
... du Musik plötzlich nicht mehr nur hörst, sondern fühlst.
... du seinen Namen nicht mehr sagen kannst, ohne zu grinsen.

DER GEIST IST WILLIG, DAS FLEISCH IST ZÄH

 MILFS UND GILFS

Ob jung oder alt, ob ein Kind oder gleich drei oder vier: Ich nähere mich der Champions League des Datings: Muttis & MILFS. Das Internet oder die Kontaktanzeige ist ihr eigentliches Revier. Wo sollen sie auch sonst fündig werden?

Ach ja, Dating-ABC:

> **MILF,** *die; engl., umgangssprachlich: »Mum I'd like to fuck.«*
> *Auf Deutsch: Eine Mutti, die mal ganz dringend »zum Kaffee eingeladen werden muss«.*

Muttis will niemand treffen! Wer sucht schon nach Frauen mit Anhang? Gibt doch nur Probleme. Und ältere Muttis spielen nur in der Phantasie von Jungs in amerikanischen Teeniekomödien eine Rolle.

So weit meine Klischees.

Und nun zum Boden der Realität: Das Internet ist das Paradies der alleinstehenden Frau, egal ob junge Mutti oder Silbertiger. Sie sind die Vollprofis. Und ich bin wahrlich nicht der Einzige, der ein Date will.

»Das ist nicht dein Ernst«, sagt ein Bekannter, als ich ihm dieses Online-Profil zeige. »Doch«, sage ich, »die will ich treffen.«

 »Stehe mit beiden Beinen im Leben, bin optimistisch, fühle mich jünger und aufgeschlossen, tolerant, lebenslustig u. a. Suche das Gleiche vom Partner. 1, 65 m groß, blaue Augen. Hobbys u. a. Sauna / FKK.«

Okay, sie ist »etwas älter« als ich. Genauer gesagt: Sie ist nicht »Stiffler's Mum«, sondern »Stiffler's Granny«. Oder »Stiffler's Mum's Mum«. Keine MILF, sondern eine »GILF«, falls es diesen Ausdruck schon gibt. Alter: 70! Ich bin auf eine Rarität gestoßen, nämlich vermutlich die älteste Frau, die sich im deutschen Internet tummelt. An Erfahrung fehlt es dieser Frau sicher nicht. An Männern aber auch nicht. Sie serviert mich ab. Auf meine Mail, die mit »Na, du bist ja 'ne flotte Omi« beginnt, kommt zurück: »Johannes, der kann es. Aber nicht mit mir. Da sind ja meine Enkelkinder älter.« Blutige Nase Nr. 1.

Vielleicht sollte ich es mal mit einer »Jüngeren« probieren. Gute Idee:

1,80 m groß, blond, 62 Jahre und Hochschulprofessorin. Auf den Fotos im Internet strahlt sie königliche Anmut aus und erinnert an eine schwedische Prinzessin aus der *Gala*. Mal posiert sie vor einem meterhohen Bücherregal, die Arme sind vor der Brust verschränkt, mal spricht sie in ein Mikrofon. Stets sehr royal. Status:

verheiratet! Im Statement sucht sie vor allem nach Stil und auch nach Leidensgenossinnen, um über Männer zu lästern. Also tatsächlich *Gala*. In ihrem Statement liest man zum Beispiel:

 »*Da mir die Herrenwelt immer noch große Rätsel aufgibt, ist es mir auch nicht unangenehm, mit Damen, die ebenfalls skeptisch sind, aber einen Freund wie ich finden wollen, mich auszutauschen und ggf. zu lästern ... also traut euch ruhig, mich Alte anzusprechen, 4 Augen sehen mehr als 2 Augen, weil ja die von uns Begehrten leider oft AUGENWISCHEREI betreiben ...*
das Besondere ist es, was ich suche! Nicht das Schlichte!
Anmache bitte nicht plump – lasst euch was einfallen.«

Verdammt! Ich soll mir was einfallen lassen ...

Klappt gerade nicht, also schnell folgenden Text gedrückt: »Trotz Ehemann hier unterwegs? Ach ja: Auch die Frauen geben so manche Rätsel auf ... wäre mal schön, sich mit jemandem *darüber* auszutauschen! :) Und zu deinem Statement: definitiv noch attraktiv, ja. Grüße, Hansi.«

Gott, wie peinlich. Anfängerfehler mit Kompliment und dann noch mit Smileys. Kein Wunder, dass keine Reaktion kommt. Ich setze noch einen drauf: »Hmmm, dachte, 'ne nette Antwort auf 'ne nette Mail ist das Mindeste, was man von einer kultivierten Frau erwarten darf ... oder war das zu viel verlangt? Kann mir schon denken, warum du nicht geantwortet hast ...«

177

Jetzt wird es endgültig weinerlich und klingt nach »bitte bitte«. Auch hier keine Reaktion. Jetzt werde ich vollends infantil, ist ohnehin schon alles egal: »*Träum* Bist ja immer noch hier, trotz Partnerschaft …?« Auch hier natürlich: keine Reaktion. Dornröschen schläft.

So klappt das auch nicht. Blutige Nase Nr. 2.

Vielleicht sollte ich nicht gleich die Bienenkönigin anschreiben. Ein bisschen jünger und etwas weniger *Gala* darf sie ruhig sein. Dann wird es schon klappen!

Blonde Dauerwelle, knappe 60. Auf dem ersten Foto: sie in Leggins vor dem Badezimmerspiegel, die Lippen zum Kuss gespitzt. Auf dem zweiten Foto sitzend auf der Couch in einem mit Pflanzen völlig zugewachsenen Wohnzimmer im 80er-Jahre-Stil an einem überdimensionalen Cocktailglas nippend. Wieder in Leggins.

Yeah, ich bin ein Kind der 80er und will den Kim-Wilde-Verschnitt von Berlin West treffen! Sie weiß, was sie will:

 »*Suche neuen Schutzengel, meiner is nervlich am Ende, der hat keenen Bock mehr. Ich weiß, Männer sind nicht treu, sind halt einfach gestrickt und nicht monogam. Männer versteht man nicht, man liebt sie einfach, zwinker. ROCK statt RENTE grinsssssssssss autsch lach. Son süßer kleener süßer SAHNEARSCH is schon was Feines :-)) Ja, ich steh nun mal auf große Jungs, schlimm? Die kleenen ›Rüden‹ sollen wo anders schnüffeln gehen, oder ab ins Körbchen. Ein NEIN bleibt ein NEIN. Es sind keene Modelmaße, haste gesehn??? Na und, ich komm gut damit klar. Und komm mir nich*

mit dem Satz: ›Ich steh auf ältere Frauen‹, dann such im Altersheim! Altwerden is nix für Feiglinge!!!!!«

Ältere Frauen zu daten ist aber auch nichts für Feiglinge, denke ich mir. Besonders, wenn in Statements die Kombination aus »grins«, »autsch« und »lach« verwendet wird. Und so läuft es dann letztlich auch. Sie will nicht mit mir Eis essen. Deshalb »grins« für sie, »autsch« für mich. 3:0 für die Muttis. Folgenden Korb überreicht mir Mrs. Leggins: »Morgen, du Stoppelhopser, also schau mal auf dein Alter, is besser, wenn de dir jemand in deinem Alter rauspickst. Sorry, is nich meine Baustelle. Ich mach dir nicht die Gretel, nachher verlauf ich mich noch im Wald***«

Mist, schon wieder nichts. Die drei *** waren wohl als Knock-Out-Punch gedacht. Gleich ran an die Nächste, nur nicht ins Zweifeln kommen.

Sie sieht in etwa so aus wie Carrie aus *King of Queens* in zehn Jahren und mit 20 Kilo mehr. Die Fotos sind aber äußerst sympathisch. Auf einem steht sie in einer Art Kuhstall neben einem kleinen blauen italienischen Lieferwagen, den Arm in die Hüfte gestemmt, und grinst. Auf dem anderen Foto hat sie einen Riesenpokal in der Hand, der fast so groß ist wie sie. Meine Phantasie geht mit mir durch. Sie ist bestimmt Russin, eine totale Naturfrau aus den Weiten Sibiriens, die beim Lagerfeuer Tolstoi-Geschichten bis in die Nacht erzählen könnte und jetzt in Deutschland eine Zuchtbullenfarm betreibt. Den Pokal gab es natürlich für die 548. erfolgreiche Besamung durch Stier »Iwan«.

Beruf: Agraringenieurin. Das Statement zeigt, dass sie mit sich im Reinen ist, und das imponiert mir immer bei Frauen.

 »1,50 m und ein paar Kilo mehr.

Klein, rund, frech, den Kopf nicht nur zum Haare tragen, absolut ehrlich und direkt, was vielen Männern nicht gefällt (schon erfolgreich erprobt), mit kreativen und optimistischen Träumen und Gedanken in die Zukunft, habe ich keine Lust auf Langweiler, Papaersatz und Paschas ... auch Raucher geht nicht, ich mag keine Aschenbecher küssen ... So, und nun ihr ...«

In den 100 Fragen verrät sie Persönliches: Ein ausgefülltes Liebesleben ist für sie: »Hautkontakt! Auch wenn es nur Händchenhalten ist ...« Uff, denke ich. Das geht mir dann doch etwas zu schnell.

»Ihre schlimmste Abfuhr?« – »Nach der ersten Nacht die Ansage: Eigentlich will ich ja noch Kinder mit einer jungen Frau ...«

»Die genialste Erfindung?« – »Das Rad, es rollt ... und rollt ... und rollt ...«

Äh, ja, schon krass, so ein Rad ... Nachdem ich jetzt auch noch erfahren habe, dass sie als Kind die TV-Serie *Pittiplatsch und Schnatterinchen* geguckt hat, ist alles klar. Ich muss sie kennenlernen! Doch auch von ihr kommt ein »Njet«, wenngleich ein nettes: »Herzchen, ich bin 45. Hast du dir das gut überlegt?«

4:0 für die Muttis. Aber es wird ein Rückspiel geben. So schnell werdet ihr mich nicht los.

180

IM »Hirsch« im Stasi-Assessment-Center

Montagmorgen. Ich klicke wie so oft die Profile einer Singlebörse durch. Ja, kenn ich schon. Danke. Weiter. Nächste. Ah, hi, du schon wieder?

Dann kommt sie.

 »45, haselnussbraune Haare, interessiert an Sport, mag Bacardi und Esprit, sportlich, arbeitet in der Fitnessbranche, raucht gelegentlich, sucht nach einer festen Partnerschaft.«

Halt, Mooooment! Wow, was ist das denn? Auf dem Foto lehnt eine Hammer-MILF lässig an einer Hauswand. Der Kopf ist leicht zurückgelehnt. Die langen Haare fallen ihr auf die Schultern. Der Blick geht sehnsüchtig in die Ferne (also natürlich zu mir!). Das enge Top betont ihre großen Brüste. Das ist doch Sophia Loren! Was macht die denn in Berlin?

Sie arbeitet oft bis spät in die Nacht in der Stadt, erfahre ich in den ersten Mails. Ich schreibe ihr, wo ich wohne.

»Da fahre ich jeden Abend vorbei, wenn ich nach Hause fahre!« Oh, so ein Zufall. »Der Typ, der dir immer sehnsüchtig vom Balkon aus hinterherwinkt, bin ich!«, antworte ich. Sie ist seit fünf Jahren geschieden und seitdem auf Partnersuche. »Mein Mann war Offizier bei der Stasi. Das waren damals die besten Männer!«

Äh, okaaay, denke ich. Mal sehen, ob ich da mithalten kann.

Schnell bin ich mit meiner Führungsoffizierin für nächsten Donnerstag ab 22 Uhr in einer Bar am Boxhagener Platz verabredet.

Test 1: Finden Sie Ihre Kontaktperson

Da stehe ich nun und starre auf mein Handy. 22.15 Uhr. Wo bleibt sie? »Habe mich verfahren, komme aber gleich.« 22.30 Uhr. »Bin in der Gabriel-Max-Straße.« Verdammt, das ist eine Parallelstraße, sie ist Luftlinie etwa 200 Meter entfernt, denke ich. Wie kann man sich da verfahren? 22.45 Uhr: »Nein, nein, du musst einfach nur rechts abbiegen und dann 100 Meter geradeaus. Dort an der Ecke stehe ich«, flüstere ich in mein Handy. Sie schafft es doch tatsächlich, sich auf einer geraden Straße zu verirren. Stasi-Offiziere waren zu DDR-Zeiten beim Anwerben ihrer Inoffiziellen Mitarbeiter (IMs) vermutlich geschickter als Frau Loren. Endlich, da kommt ihr kleiner Ford Fiesta. Jetzt hält sie an der Kreuzung gegenüber. Warum kommt sie nicht einfach her? Sie sieht mich doch schon. Sie guckt in den Rückspiegel, zieht ihren Lipgloss nach, fährt sich mit einer kurzen Handbewegung durch die Haare, gibt kurz Gas, bringt ihr Zwergauto vor mir zum Stehen und kurbelt das Fenster herunter: »Na du? Sorry, hab mich verfahren.« Sie hält mir die Beifahrertür auf.

»Steig ein!«

»Äh, ja. Okay.«

Ich fühle mich wie in einem Agentenfilm.

Test 2: Die Räucherkammer

In Friedrichshain gibt es rund um den Boxhagener Platz vermutlich 300 Bars, Restaurants, Kneipen und Hauseingänge mit Schankbetrieb. Die nächste Bar ist genau zwei Meter entfernt. Würde man der Länge nach hinfallen, säße man schon auf einem Barhocker. Doch Frau Loren möchte gerne ganz konspirativ im Auto bleiben: »Nu komm, jetzt rauchen wir erst mal eene zusammen.« Na gut, dann rauchen wir halt eene. Und noch eene. Und noch eene. Sie findet es ganz witzig, unser Date in der Räucherkammer. Will sie testen, wie lang ich das hier durchhalte?

Solange der Nebel noch licht ist, gucke ich sie mir etwas näher an. Für ihre 45 Jahre hat sie sich ziemlich gut gehalten. Als Anwerberin für die Stasi hätte sie sicher Karriere gemacht. Nur die Stimme ist etwas angeschlagen. Vermutlich vom vielen Rauchen. Wenn sie lacht, kommt kein »hihihihi«, sondern eher ein »hrhrhrhrhrhi«. Da haben die Zigaretten des Klassenfeindes in den letzten 20 Jahren wohl ihre Spuren hinterlassen.

Was ich denn so beruflich mache? »Ah, Jurist.«

»Und jefällt dir? Bringt viel Kohle ... hrhrhri.« Sie meint dann, sie könnte auch nicht jeden Job machen. »Ick könnt jetze nie 'nem Kerl einen blasen, für 1000 Euro oder so.« »Ach, nicht?«, frage ich und spiele mit dem Hartgeld in meiner Hosentasche. Über die Verbindung zwischen Juristerei und Prostitution muss ich bei Gelegenheit wohl noch mal nachdenken. Sie lacht. »Och komm, jetzt rauch ma noch eene.«

Im Fiesta sind inzwischen die Scheiben beschlagen und es sieht aus wie in einem türkischen Dampfbad. Ich rette mich mal kurz ins Freie und hole uns bei »Ali Baba« vom Boxl-Kiosk zwei Bier. Zurück in ihrem Fiesta sieht es aus wie in dem Chuck-Norris-Film: »Mission Hölleninferno 4« oder so ähnlich. Es fehlt nicht viel und jemand ruft die Feuerwehr. Gut, dass Frau Stasi schon langsam nach Hause muss. Und gut, dass ich offenbar den Test bestanden habe. Das nächste Treffen wird bei ihr stattfinden. In einer konspirativen Wohnung in einem Berliner Ostbezirk.

Test 3: Geräuschfolter

Vier Tage später stehe ich mit einer Flasche Rotwein vor einer weißen Tür (mit Spion) in einem 50er-Jahre-Betonsilo in Berlin-Hohenschönhausen, zwölfter Stock. Nicht weit von hier befand sich auch das Stasi-Gefängnis. Frau Loren öffnet mir breit grinsend. Nein, nicht im Nachthemd oder im Bademantel, sondern ganz normal. Jeans, Pulli, es riecht nach Haarspray. Sie führt mich durch den Flur. »Drei Zimmer, 340 Euro warm«, erfahre ich, ohne gefragt zu haben. »Hrhrhrhrhrhri.« Das heißt vermutlich so viel wie: Bin zufrieden mit meiner Wohnung.

An der Wohnzimmertür hängt ein rot blinkendes Neonherz aus Plastik. Mir wird plötzlich ganz anders. Heimbordell!, schießt mir durch den Kopf. Wird hier vielleicht statt eines inoffiziellen Mitarbeiters jemand gesucht, der »IM« Bett in der Lage ist, nicht nur konspirative Berichte zu verfassen, sondern auch dafür zu bezahlen? Also eine Mischung aus Erich Mielke und Charlie Sheen? Im Wohnzimmer mit Pflanzen, Terracotta-Wandfarbe und Eiffelturm-Poster nehmen wir auf der Couch Platz, und Frau Loren fängt an, von früher zu erzählen.

Davor zündet sie sich natürlich eine an.

»Meene drei Kinda kommen nächste Woche uff Besuch«, sagt sie und stößt eine Rauchwolke aus. »Ick bin ja in zweta Ehe jeschieden.« Diesmal ohne »hrhrhrhrhrhri«.

Das macht seit unserem letzten Treffen eine gescheiterte Ehe und zwei Kinder mehr, wenn ich richtig gerechnet habe. Wie schnell man sich doch vermehren kann! Na gut, egal, denke ich mir. Bevor sie in Selbstmitleid verfällt, tröste sie mal etwas, denke ich. »Scheidungen sind doch inzwischen ziemlich verbreitet«, sage ich im verständnisvollen Tonfall eines Pastorensohns. Roy

Black tröstet mit. Aus dem Radio dudelt »Du bist nicht allein«.

Langsam fällt mir ein, dass es zwei Dinge gibt, vor denen ich mich bei Menschen, die älter als ich sind, fürchte: Erstens die Geschichten von früher und zweitens der Musikgeschmack. Frau Loren mag Radio Nostalgie & Schlager. Noch könnte ich ja gehen. Auch Bernhard Brink ruft mir bereits in weiser Voraussicht aus dem Radio zu: »Steig aus, wenn du kannst, hast du den Mu-u-t? Steig aus, wenn du kannst, das geht nicht gut.« Noch nicht, denke ich mir.

Wir öffnen den Wein. Ich brauche Betäubung. Ist die Musikbeschallung etwa wieder so ein Stasi-Test? Fehlt nur noch Mireille Mathieus Klassiker »Hin-ter den Kulissen von Berlin-East, war-tet das Stasi-Gefängni-i-i-i-s«. Ich glaub, mich trifft der Schlager. »Wie sieht's denn bei dir mit Beziehungen aus?«, fragt meine Führungsoffizierin. Noch bevor ich antworten kann, hat mich schon Andrea Berg ertappt: »Du kannst doch nicht mal richtig lügen.« Die Stasi kriegt eh alles raus.

Inzwischen habe ich trotz des Weins ein Piepen im Ohr. Ist das Ohrenkrebs im Anfangsstadium? Gerade erinnern mich Modern Talking mit »Geronimo's Cadillac« daran, dass ich ja jederzeit wieder ins Auto springen könnte. »Und, jefällt's dir bei mir?«, fragt Frau Loren. Ich nicke abwesend. »Letztens war so ein 24-jähriger Psychologiestudent aus Rostock bei mir. Dem hat's auch gut gefallen.« Mo-o-o-ment, denke ich. Sie erzählt mir jetzt nicht wirklich von ihren Abenteuern mit anderen Männern, oder?

Ich bin inzwischen nahe dran, es so zu machen wie Freddy Quinn (»Als er kam, war er ein Fremder«), nur dass ich auch bereit wäre, wieder als Fremder zu gehen. Während Frau Loren wieder mal raucht, überlege ich, wie ich den besten Abgang hinbekommen könnte. Nein, ausnahmsweise gibt es keinen Tipp aus dem Radio, weder von Peter Alexander (»Sag zum Abschied leise Servus«) noch von Katja Ebstein (»Abschied ist ein bisschen wie sterben«).

Zugegeben: Meine Ausrede ist denkbar schlecht – aber ich muss tatsächlich am nächsten Tag früh raus. Und ich habe jetzt schon mehr »Lieder, die die Welt nicht braucht« gehört als bei meinem letzten Oma-Besuch.

Aber wenigstens ist die Ausrede dem Anlass angemessen:

»Fly Away, Pretty Flamingo« begleitet mich bis zur Wohnungstür.

Rotbäckchens Eleven

Sie: »Witzigundwild44«
Sucht: Abenteuer
Beruf: Einzelhandel
Auf dem Foto: eine Frau mit gesunden roten Bäckchen. Typ: Obst- und Gemüsehändlerin.

In der Rubrik »Fragen & Antworten« kann man Folgendes lesen:

»Wie würden Sie Ihren Freundeskreis beschreiben?« –
»*Desperate Housewives.*«
»Was tun Sie zu Ihrer Entspannung?« –
»Musik, Bücher, Filme, Sex.«
»Was sind für Sie gute Manieren?« –

»Dir aus der Hose zu helfen.«

»Sternzeichen?« –

»Bonobo!«

»Wie sähe die Welt aus, wenn Sie sie erschaffen hätten?« –

»Sie wäre übervölkert von Bonobo-Äffchen.«

»Glauben Sie an Liebe auf den ersten Blick?« –

»Wohl eher nach dem ersten Fick.«

Na dann mal ran, denke ich. Ich mag Frauen mit guten Manieren! Um mich auf sie einzustimmen, lese ich die Biografie von Klaus Kinski *Ich brauche Liebe*. Sonst packe ich das hier nicht. Für alle, die es nicht wissen: Kinski war nicht nur Schauspieler in unzähligen mehr oder weniger künstlerisch anspruchsvollen Filmen, sondern auch ein wahrer Erotomane. Oder plump gesagt: eine Sexmaschine. In seiner Biografie wird auf jeder Seite gevögelt. Auf die Frage von Reportern, ob er mit »Frau xy« mal Geschlechtsverkehr hatte, antwortete er gerne: »Und wie!« Eine echte Quelle der Inspiration. Und er hat ein Faible für Obst und Gemüse. Mal drückt er seine »Banane« an ein Mädchen in der Trambahn, dann fasst er einer Frau an ihre »Birnentitten« oder ihre »Feige«, »Pflaume« oder dergleichen. Besonders gerne schwoll ihm auch mal die »Rübe«.

Schon per E-Mail verstehen wir uns sofort prächtig. Rotbäckchen freut sich, wenn Tarzan bald mal auf seiner »Liane« aus dem Großstadtdschungel herüberschwingt. Drei Wünsche habe ich frei, meint sie. Das erinnert mich ein bisschen an: »Bück dich, Fee – Wunsch ist Wunsch!« Mir gehen spontan Dinge durch den Kopf, die selbst Charlie Sheen auf Mischkonsum nicht einfallen würden.

187

Aber ich will unsere Fee ja nicht verschrecken. »Erstens, du bringst sehr schnell deine Zunge ins Spiel«, tippe ich mit glühenden Ohren. »Zweitens, du trägst einen kurzen Rock.« Hm, etwas langweilig. »Und nichts drunter.« Ja, so passt es schon besser. Fehlt nur noch eine Kinski-Idee. »Drittens, du bringst deine Freundin mit.« Ob sie mir noch antwortet?

Sie antwortet. Wobei: Auf die Freundin müsse ich diesmal verzichten, meint sie. Drei Tage später lotst mich mein Navi gegen 23 Uhr zu einer Kleingartensiedlung in Dingenshavelshausen, einem Kuhdorf im brandenburgischen Hinterland. Es riecht nach Dung. Hmm. Wenn es tatsächlich einen Arsch der Welt gibt, dann bin ich gerade mit meinem Golf am Ende der Kimme angelangt, denke ich. Ob sie überhaupt zu Hause ist? Alle Häuser sind stockfinster. Wenn ich Pech habe, platze ich gleich in eine Party kindischer Hausfrauen, die sich über den trotteligen Besuch aus Berlin amüsieren. Ich klingele.

Es dauert nicht lange, und das erste Anzeichen von Geilheit taucht aus dem Nichts vor mir auf. Es ist Rotbäckchens Pudel, der an meinem Bein hochspringt. »Der will nu-u-u-r spielen!«, höre ich es fröhlich aus dem Haus flöten. Im Flur geht das Licht an. Rotbäckchen öffnet die Tür.

Vor mir steht ein Double von Mutter Beimer aus der *Lindenstraße*.

Mir steht der Mund offen. Sie lächelt einladend und bittet mich in den Garten. Es ist eine laue Sommernacht. Und es ist alles vorbereitet: Vor dem Haus stehen ein Tischchen, eine etwas olle Gartenbank, eine Flasche Weißwein, zwei Gläser, eine Schachtel Zigaretten. Hier wird man verwöhnt. Meine Stimmung steigt. Der erste Schock ist verflogen. Allein die Gartenzwergsammlung um uns herum beunruhigt mich doch etwas. Mit so viel westdeutscher Gemütlichkeit hatte ich 20 Jahre nach der Wende nicht gerechnet.

Die Gespräche werden schnell konkreter und die Weinflasche leerer. Ja, sie sei etwas einsam hier, meint sie. Aber hin und wieder bekäme sie »Besuch«. Manchmal fahre sie auch in die Stadt, um Männer zu treffen. Seit ihrer Scheidung genieße sie das Leben in vollen Zügen, meint sie. Sie nimmt meine Hand und legt sie auf die Innenseite ihrer Oberschenkel. Ob ich mich denn noch an meine drei Wünsche erinnern könne?, fragt sie. Meine Hand rutscht – ganz aus Versehen natürlich! – langsam höher und landet direkt im »vollen Leben«, Kinski hätte gesagt: »Im Honigtopf.« Ein Höschen war da bestimmt nicht. Mutter Beimer hat Wort gehalten.

»Was hat es denn eigentlich mit der Gartenzwergsammlung auf sich?«, will ich wissen, um etwas von meinen klebrigen Fingerspitzen abzulenken. »Hast du sie dir schon genauer angesehen?« – »Nein, wieso?« – »Na, dann mach mal!«

Ich mache einen kleinen Gartenrundgang. Dass das keine normale Gartenzwergsammlung ist, merke ich trotz der etwas schwierigen Lichtverhältnisse sehr früh. Der erste Zwerg reckt mir keck seinen Stinkefinger entgegen. Das ist aber nicht nett, denke ich. Der zweite Gartenzwerg zeigt mir sein blankes Hinterteil. Geht man so mit Gästen um? Der dritte reckt mir breit grinsend seine überdimensionale, blank polierte Männlichkeit entgegen. »Bei Tageslicht sieht man, wie knallrot sein Teil ist«, belehrt mich Mutter Beimer glucksend. »Du stehst wohl auf Gartenarbeit?«, frage ich. Jetzt weiß ich, was die Leute an diesem Hobby so toll finden. Der fünfte Zwerg vernascht mit Wonne eine Zwergin von hinten. Das passiert wohl, wenn man sich nichts ahnend nach den Radieschen bückt, denke ich. »Ja, die Sammlung ist schon was Besonderes«, schwärmt Rotbäckchen. »Nur die Nachbarn sind nicht so begeistert.«

Zurück auf der Gartenbank erzählt Mutter Beimer mehr von ihrem »Besuch«, den sie hin und wieder bekommt. Manche Männer kämen einmal pro Woche, meint sie. Andere nur einmal im Monat. Ein tunesischer Elektrotechnikstudent aus Potsdam kam eine Zeit lang sogar überhaupt nicht mehr. »Da war gerade Ramadan.«

»Und, was ist jetzt mit uns?«, fragt Rotbäckchen drängend. Ich merke langsam, dass sie mich nicht zum Quatschen herbestellt hat.

Tja, was ist jetzt mit uns?

Wenn ich richtig mitgezählt habe, hat mir Rotbäckchen bereits von einer ganzen Fußballmannschaft von Männern erzählt, die mehr oder weniger regelmäßig vorbeikommen. Und da waren die Ersatzspieler noch gar nicht dabei. »Rotbäckens Eleven«, das waren bisher folgende Gestalten:

1. Moshe, ein etwas behäbiger, da viel zu gut erzogener Hebräisch-Professor.
2. Martin, ein Immobilienmakler aus Frankfurt/Oder.
3. Manni, ein Brummi-Fahrer aus Eckernförde. Er kommt nur alle sechs Wochen, wenn er eine Tour nach Litauen fährt.
4. Yussuf, der Tunesier aus Potsdam, der im Ramadan gerne mal pausiert.

5. Bernhard, ein Gartenwissenschaftsstudent aus Charlottenburg, ursprünglich aber aus Kempten.
6. Oliver, ein Arzt aus dem Prenzlauer Berg. Der hat sie gleich hier im Garten vernascht. »Nur die Schuhe hatte ich noch an.«
7. Miguel, ein Capoeira-Tänzer aus Rio, der an einer Kreuzung in Berlin im Sommer mit Jonglieren sein Geld verdient.
8. Johann, ein Finanzbeamter im Vorruhestand aus Berlin-Pankow.
9. Sepp, ein Aussteiger und Hans-Söllner-Fan aus Bayern.

Und schließlich:

10. Goran, ein 17-jähriger flinker Mittelfeldstürmer in einer Berliner Jugendmannschaft mit kroatischen Wurzeln. Er pflügte mit ihr beim Sex im Freien den Park neben einem Friedhof in Berlin-Wedding durch. Frühes 1:0 für ihn durch Handspiel in der zweiten Minute.

Ach, das waren nur zehn? Der Elfte soll ein Klaus-Kinski-Fan mit Hirschgeweih aus Berlin-Friedrichshain gewesen sein. Aber der soll kurzfristig abgesagt haben. Begründung: Er könne einfach nicht, wenn ihm Gartenzwerge dabei zuschauen.

**»Das Leben kommt von vorn«: Karin (45),
Deutschlehrerin**

Ich habe mir vorgenommen, nicht mehr 40 Kilometer
ins brandenburgische Umland zu fahren, um Porno-Gar-
tenzwerge anzuschauen. Eine MILF versuche ich noch:
Karin.

Preisfrage: Was ist das? Man trifft sich, zappelt etwas
herum und redet in gepressten, unverständlichen Sätzen,
in denen die Worte »Liebe«, »Weg«, »Männer« und »das
tut gleichmäßig weh« vorkommen?

Na?

Nein, das ist kein Grönemeyer-Konzert.

Das ist ein erstes Date.

Manchmal ist das auch das Gleiche.

Karin 45, blond, vier Kinder, 8,6 Punkte in der Attrakti-
vitätswertung, sucht Mann für Freundschaft und Flirt.
Arbeitet im Bildungsbereich.

 »BLEIBT ALLES ANDERS??
Oder gibt es noch MÄNNER,
die bei VOLLMOND mit mir den SCHIFFS-
VERKEHR auf der Spree
beobachten wollen?
ohne dass
DEINE LIEBE KLEBT …
WAS SOLL DAS???
Hätte gern mal wieder
FLUGZEUGE IM BAUCH (oder vielleicht doch
lieber Schmetterlinge?)
also raff dich auf

Kreuz meinen WEG und
ERZÄHL MIR VON MORGEN …
:-)
Vielleicht führt
DER WEG
ja
ZU DIR …
fühle mich gerade
UNBEWOHNT.«

Falls sich jetzt jemandem der Verdacht aufdrängt, dass wir es hier mit einer kreativen Deutschlehrerin zu tun haben, die sich die Mühe gemacht hat, ein tiefgründiges Statement zusammenzubasteln, dann sage ich: richtig!

Und ja: Sie ist Grönemeyer-Fan.

Zumindest weiß ich jetzt endlich, bei welcher Art von Text Deutschlehrerinnen mit Alt-68er-Hintergrund an den Heftrand Dinge schreiben wie »Eine pfiffige Idee!« oder »Guter Ansatz!«. Allerdings, so könnte ein Lehrerkollege bemängeln, wirkt das »Was soll das??« nach »Deine Liebe klebt« doch etwas deplatziert. Und was genau meinst du, liebe Karin, mit »ich fühle mich unbewohnt«? Das sollte doch mal in einem Einzelunterrichtsgespräch geklärt werden.

Ich lade sie zu einer persönlichen Sprechstunde vor:

 »Liebe xy, noch ist ja nicht LETZTER TAG. Da ich nicht so der Typ fürs Schreiben, sondern eher die reale DEMOnstration bin, wäre ein echtes Treffen ganz nett. Ganz ohne CHAOS, aber mit etwas SCHMETTERLINGEN IM EIS.

Bis dann, äh, MARIE?
Grüße, Hansi.
Der mit der CURRYWURST.«

Für diese Antwort gibt es ein Fleißbildchen:
»Hahaha, … :-D das nenne ich ja mal ne Antwort …
wow … einfach nur gut … lach mich gerade schlapp …
hahahaha …
endlich mal jemand mit Humor … hahaha …«
Ganz ehrlich: So etwas Schönes hat ja noch nie eine
Deutschlehrerin zu mir gesagt. Ich muss sie treffen.

Ein Freitag im Mai, 19 Uhr, »Café Szimpla«, Friedrichshain.
Unsere Einzelunterrichtssitzung beginnt mit einer
Überraschung. Ich erkenne sie nämlich nicht, als sie vor
mir steht. Statt einer Blondine mit Pony stellt sich mir
nämlich eine gänzlich andere Person vor.
»Hi, bin die Karin. Bist du der Hansi?«
Erster Gedankenblitz: Ist im Lehrermilieu neuerdings
der Artikel vor dem Namen Pflicht?
Zweiter Gedankenblitz: Mensch, Pumuckl, seit wann
bist du denn bei den Grünen aktiv?
Vor mir steht eine Mischung aus Claudia Roth und
dem Kobold aus München. Schwupps, erst mal ist die
Laune weg, wer hat die wohl weggesteckt …?
Zeit zum Grübeln habe ich nicht. Denn es läutet schon
zur ersten Stunde. Auf dem Stundenplan steht ein Im-
pulsreferat zum Thema »Was ich und Herbert Grönemeyer seit 1968 alles so erlebt haben«. Sie setzt eine rote
eckige Brille auf, und es geht los mit:

Track 1: »Männer nehmen auf den Arm.«
Wir schreiben den Beginn der 80er-Jahre.
Helmut Kohl steht kurz vor der Kanzlerschaft.

Herbert Grönemeyer trägt Bart und lässt sich im Bauch eines Atom-U-Boots von Jürgen Prochnow herumkommandieren, während seine Matrosenkameraden ihre Sackratten auskurieren.

Klein-Karin steht mit 17 gerne mal in Bochum vor einem Lokal, in das ungefähr zehn Leute passen. Der bärtige U-Boot-Matrose probiert dort gegen drei Mark Eintritt das aus, was er später »singen« nennt. Klein-Hansi steht noch gar nicht, sondern krabbelt jenseits des Eisernen Vorhangs einer Zukunft im We-he-he-hesten entgegen. Denn hier ist es bessöööör, viel bessöööör als man glaubt.

Karins »Männer«-Lied spielt 1980 im Griechenland-Urlaub. Und geht in etwa so:
»MÄNNER nehmen auf den Arm.
MÄNNER gehen im Urlaub ran.
MÄNNER schwängern heimlich.
Und stell'n sich danach hilflos an.
Oh, MÄNNER sind solche Schwe-e-e-ine.
Nehmen erst keine Gummis.
Und dann in die Hand ihre Beine.«

Darauf folgt Track 2, nämlich »Chaos«:
Hin nach Griechenland mit Wohnmobil. Zurück nach Bottrop – ohne Wohnmobil. Dieses wurde den werdenden Eltern an einer Tankstelle unterm Arsch weggeklaut und dient der griechischen Regierung inzwischen als Trumpfkarte für Eurorettungsmilliarden. Zurück in

Deutschland war es sicher nicht einfach, den Aufsatz »Mein schönstes Urlaubserlebnis« zu schreiben: Auto weg, dafür ein Braten im Rohr. Sie flehte, dass Track 3 kommt, nämlich »Bleibt alles anders«. Was folgte, waren 17 Jahre Ehe, bis sie sich durch Scheidung erlöste.

Es kamen noch mal drei Kinder hinzu.

Apropos Kinder:

»Ach ja, mein 16-jähriger Sohn ist gerade hier im Kiez unterwegs. Vielleicht treffen wir den ja noch.«

Nein, den treffen wir bitte nicht, denke ich. Ach Deutschland, deine Lehrer ...

Übrigens: Warum trifft sie sich eigentlich mit dem Hirschen? Wegen seines Riesenteils? Folgt jetzt vielleicht Track 4: »Ein Stück vom Himmel – ein Platz im Bett«?

Dieser Track muss leider übersprungen werden.

Dafür gibt es einen Preis für die beste Ausrede: »Es liegen korrigierte Klausuren bei mir herum, deswegen können wir schon gar nicht zu mir gehen!«

Ich frage mich nur eines: Warum hatte ich nie solche coolen Lehrerinnen? Auch darauf hat Herbert eine Antwort, Track 5, bitte: »Es könnte so einfach sein ... Ist es aber nicht!«

Und Track 5 gilt auch für die MILFS im Allgemeinen. Vom Menschlichen her sind das die coolsten Frauen, die man sich vorstellen kann: erste Scheidung hinter sich, Kinder aus dem Haus und jetzt das Leben genießen. Eigentlich perfekt für junge Hirsche in der Brunft. Aber spätestens beim Musikgeschmack merke ich: Ich sollte vielleicht mal eine jüngere Mutti treffen.

»Liegt ein Auge auf dem Tresen, ist ein Zombie da gewesen«

Ein Freund erzählte mir letztens, dass er seine Dates immer erst googelt, bevor er sich mit ihnen trifft. Ich mache das nie. Will ich wirklich wissen, dass eine Antje (24) aus Münster mal für einen Promotionjob mit dem Kopf im Po eines zwei Meter großen Plüschhasen durch die Kölner Innenstadt gelaufen ist, nur um Handyverträge zu verkaufen?

Und überhaupt. Was sagt das aus? Jeder macht doch mal Mist. Ich zum Beispiel jobbte mit 17 ein ganzes Jahr lang bei der großen Burger-Kette mit dem Clown. Wenn am Samstag gegen Mitternacht johlend meine halbe Schulklasse aus dem benachbarten Kino strömte, um sich ihre Portion »Pommes klein« abzuholen, saß ich schon mit Schrubber, Putzkübel und tief ins Gesicht gezogener grüner Schirmmütze still auf dem Gästeklo. Ich wusste, was jetzt kommt. Als die Meute weg war, wusch ich geduldig das Ketchup- und Gurkenscheibengesicht nebst Mayo-Schriftzug meines Namens und eines Pfeils von den Fenstern.

Jeder wusste, dass ich da war.

Ich musste sogar ein Namensschild tragen, auf dem mein Name stand und darunter: »Wie kann ich Ihnen helfen?« Außerdem bekam ich einen bierdeckelgroßen Button mit einem grinsenden Hamburgerbrötchen auf die Brust geheftet mit einem Satz, der meinem Selbstwertgefühl ungefähr so guttat wie eine Sprite mit einem Schuss Ameisensäure: »Ich lache gern«, war da zu lesen.

Zu lachen hatte ich nichts. Meine halbe Schulklasse dagegen schon.

Am Montagmorgen war das Coolness-Konto von Herrn Matuschek jedenfalls immer ziemlich leer und musste erst mühsam über die ganze Woche hin aufgebaut werden, bevor es am Wochenende dann erneut ins Minus rutschte. Das war mein persönlicher »Mythos des Sisyphos« in einer bayerischen Kleinstadt Ende der 90er-Jahre.

Also, wie gesagt: Ich googele aus Prinzip nicht. Okay, wenn Simone aus Recklinghausen in einem Mädchenforum Fragen zu Intimkrankheiten stellt oder Partyfotos von sich aus einer Zeit postet, als sie noch in München lebte, Andreas hieß und aussah wie eine Mischung aus Freddie Mercury und dem Cowboy von YMCA, dann interessiert mich das auch. Aber wann hat man das schon? Die Leute sind ja in der Regel normal.

Bei »Töff-Töff29« hätte ich mal lieber gegoogelt. Oder jemanden gefragt, der sich mit so was auskennt. Auf dem Foto strahlt mir eine junge Mutter mit langen braunen Locken entgegen, Typ: Exballetttänzerin oder Geigerin. Im Statement stehen Sätze wie: »Liegt ein Auge auf dem Tresen, ist ein Zombie da gewesen.« Und: »Was sagt ein großer Stift zu einem kleinen Stift? – Wachsmalstift.« Na ja, Humor halt, denke ich und verabrede mich mit ihr auf einen DVD-Abend. Sie soll die DVDs besorgen. Davor treffen wir uns aber noch im Café, um die ganz große Überraschung auszuschließen.

Der gefährlichste Job der Welt ist nicht der des Plüschhasen in Fußgängerzonen, Putze bei McDonald's oder Tandem-Bungee-Partner von Reiner Calmund. Der gefährlichste Job der Welt ist es, Psychologe für verheiratete junge Muttis spielen zu müssen. Dabei hatte sie mich sogar gewarnt.

»Du erkennst mich an einer total bescheuerten Mütze«, lese ich in ihrer letzten SMS kurz vor dem Date.

Wie klein die Enttäuschung doch ist, wenn die Erwartungen niedrig sind, denke ich und ziehe die Sonnengöttin der Azteken mitsamt ihrer ein Meter hohen roten Zipfelmütze in ein Hipster-Café mit Oma-Möbeln. Dann beginne ich das Gespräch auf die denkbar schlechteste Weise. Ich stelle eine Frage. Wie denn das Wochenende bisher gelaufen sei?

Erst mal folgt ein langes »Aaaaaa-a-a-a-lso«, dann eine Kunstpause, womöglich um die Spannung noch zu steigern.

»Aaaa-lso, von zehn bis zwölf Uhr Kinderschwimmkurs, danach die meiste Zeit in der S-Bahn rumgesessen«, schießt es aus ihr heraus.

Was danach folgt, ist eigentlich keine Antwort mehr, sondern erinnert an ein angeschossenes Bierfass. Sprechdurchfall ist noch eine Verharmlosung, denn der kommt wenigstens schubweise. Gegen Töff-Töff ist die hysterische Schülerin aus *American Pie*, die ständig Geschichten aus dem Ferienlager erzählt, eine Nonne mit Schweigegelübde.

»Woran liegt es, dass ihr keinen Sex mehr habt?«, will Hansi Freud wissen. Wir sind inzwischen bei ihren Problemen angekommen. Seit fünf Jahren ist sie verheiratet und seitdem unberührt. Aus dem »Erstkontakt« entstand ein Kind.

»Aaaaach, lange Geschichte. Pschhhttt!« Sie schüttet sich ihr ganzes Ginger Ale mit einem Dreh aus dem Handgelenk ins Glas. Ich fürchte, ich habe an der falschen Schleuse gedreht. Ihr Ehemann ist ein Computer-

Nerd, zockt zwölf Stunden am Tag »World of Warcraft« und interessiert sich sonst nur für Mathematik.

»Das kann ich nicht glauben«, sage ich. »Und wie stillt er sein Sexualbedürfnis?« – »Ooch, mit seinen Pornos.« – »Und wie stillst du dein Sexualbedürfnis?« – »Ooch, ich hab mein Spielzeug.«

Ich kann mir das gar nicht so richtig vorstellen, dass jemand für Sex so gänzlich unbegabt ist. So viel kann man da doch gar nicht falsch machen.

»Wo liegt denn das Problem?«, frage ich im Therapeutentonfall.

»Dat weß ick och nich, der zieht mir an die Haare und rammt mir immer den Ellbogen rein. Der kann dit einfach nich!«

Hmm. Es gibt also tatsächlich Dinge, die man beim Sex nicht tun sollte. Mathematisch gesprochen könnte man sagen: Er dividiert durch Null. Langsam dämmert mir auch, warum sie so viel quasselt. Wenn im Erdgeschoss die Herdplatte heiß ist, kocht im ersten Stock der Topf über. Schon Freud wusste, dass aufgestaute Energie einen Blitzableiter braucht. Der bin jetzt ich.

»Habt ihr es denn mal mit einer offenen Beziehung versucht?« – »Ja, aber die Männer, die ich so kennenlerne, finden mich meistens nach zwei Wochen etwas komisch.«

Wow, denke ich, so seltsam und doch so ehrlich. Irgendwie passt sie doch ganz gut zu ihrem Mann.

»Wo wohnt denn dein Mann jetzt?«, will ich wissen.

»Äh, also noch wohnen wir zusammen.« – »Aha, und was meinst du, wird er sagen, wenn ich dich mal besuchen komme?« – »Och, mit dem wirst du schon fertig.«

Ja, denke ich, so einen Kampf mit einem computerspielenden Mathe-Nerd als Vorspiel wollte ich immer schon mal machen. Ich bin »Super Mario«, er ist Endgegner »Tatanka«, und »Töff-Töff29« ist die Prinzessin. Ein tolles Rollenspiel! Dabei weiß doch jeder, der mal einen Horrorfilm gesehen hat, dass am gefährlichsten nicht die Psychopathen mit Fleischermesser (Halloween), überdimensionale Schleimkugeln (Der Blob) oder die Eishockeymaskenträger (Freitag der 13.) sind, sondern? Richtig: pornoguckende Computer-Nerds. Nerds rächen sich immer irgendwann.

Ach ja, wir wollten ja DVDs gucken. Also ich will natürlich nicht mehr. Oder anders gesagt: Die Anwendung von Dr. Hirschs bewährter Sexualresonanztherapie steht gerade massiv auf der Kippe. Ich nehme zwei kräftige Züge aus meinem Bierglas.

»Was hast du denn für einen Film mitgebracht?«, blubbere ich ins Glas.

»Ach ja, also ich hab zwei Filme dabei.« Sie reißt erwartungsvoll die Augen auf, als hätte sie die noch unveröffentlichten Kinofilme vom nächsten Jahr im Gepäck. Hoffentlich hat sie ein bisschen in der Schmuddelecke ihres Ehemanns gekramt, denke ich. Damit hätte sich der Abend für mich schon gelohnt.

Sie zieht den ersten Film heraus. Er heißt Zombieland.

»Der ist super witzig, den habe ich schon mal gesehen«, brüllt sie mich an. »Aha, und worum geht's da?«, heuchle ich Interesse. »Da geht's um zwei Typen, die in einer Kleinstadt Zombies umbringen, ist echt zum Schießen!«

»Cool«, lüge ich. »Und der zweite Film?«

»Töff-Töff29« fängt an zu lachen und zu glucksen,

das sich schnell zu einem eselhaften »I-aaah« hochschaukelt.

»Aa-a—a-a-also, i-aaahh, i-aaaah, da habe ich ehrlich gesagt einfach mal ganz frech in die große DVD-Wühlecke gegriffen, i-ahhhh, i-aaaahhh!«

Vor mir liegt eine Low-Budget-Produktion mit dem Namen *Quarantäne*.

Auf dem Cover lese ich irgendwas in Richtung: »Am 11. März 2008 wurde auf Befehl der US-Regierung ein Appartement-Komplex in L. A. von der Polizei abgeriegelt. Seitdem fehlt von den Bewohnern jede Spur. Bis heute.«

Das gefällt mir als Konzept schon besser: Menschen, die plötzlich verschwinden und sich nie wiedersehen müssen. So wie ich und sie jetzt. Hey, Töff-Töff, nimm es mir nicht übel, dass wir uns nicht mehr sehen können. Ich wurde entführt. Die US-Regierung ist schuld!

☿ SELBST MACHT SICH'S DIE FRAU

Zwei Monate sind es, bis Marc und ich uns wiedersehen können. Da sehe ich ja Milosz öfter! Es wird Zeit, das selbst in die Hand zu nehmen. Warum nicht eine eigene Anzeige schalten? Ja, find ich gut. Ist aber gar nicht so einfach. Seit drei Tagen überlege ich nun immer wieder, wie ich mich denn auf vier bis fünf Zeilen beschreiben könnte. Inklusive wonach ich suche. Weder das eine noch das andere mag mir gelingen. Ich weiß, daran könnte die ganze Problematik liegen. Aber ich kann ja schlecht in die

Anzeige schreiben: »Kann sich bitte einfach jemand auf mich drauflegen?«

Da frag ich doch lieber meine Freunde, wie meine Anzeige aussehen könnte. Oder, noch besser, meine Familie. Die kennen mich schließlich am besten und sind definitiv geblendet – sein eigen Fleisch und Blut muss man ja toll finden. Ich beauftrage also meine Mutter. Und meine Großmutter. Die bemühte sich schon immer um den passenden Partner für mich. Besonders gern, wenn mein Freund damals mit am Fürstenberg-Porzellan-Tisch saß. Da jedoch weder er noch ich uns mit Wayne Carpendale oder Patrick Nuo anfreunden konnten (höchstens mit Sasha, aber der meldet sich einfach nicht), freut sie sich über die neue Chance. Und so stellen die zwei sich das vor:

 »Hübsche und intelligente 26-Jährige mit blondem Haar sucht die Bekanntschaft eines adäquaten Herrn ab 30 mit Sinn für Humor und das Schöne im Leben. Voraussetzung: Sie mögen Sushi und Tiere.«

Für eine große Portion Selbstwertgefühl frage ich jetzt einfach öfter mal nach einem Anzeigentext. Für einen passenden dann doch lieber meine beste Freundin Aylin:

 »Bist du der Prinz mit dem scheiß Gaul? Ich, lebensfrohe, aufgeschlossene, attraktive 26-Jährige, suche Mann, der das Feuer in mir entfacht. Bist du unternehmungsfreudig und phantasievoll, liebst Kultur und gutes Essen genauso wie ich und willst dies und vieles mehr mit jemandem gemeinsam erleben? Dann melde dich noch heute bei mir!«

Dass der das Feuer erst wieder entfachen muss, ist jetzt zwar nicht so nett. Aber wo sie recht hat, hat sie recht. Und sie hat meistens recht. Immer eigentlich.

Was soll's, ich schicke den Text, um den ersten und letzten Satz gekürzt, los zur »Kennenlernanzeigen-Annahme« der *Zeit*. Gut: Den »adäquaten Herrn« hab ich noch mit reingenommen. Also letztendlich steht's dann so da, Erscheinungstermin: 26. Januar:

 »*Lebensfrohe, aufgeschlossene, attraktive Sie (26) sucht adäquaten Herrn zum Leben und Lieben. Bist du voller Phantasie, unternehmungslustig, liebst Kultur und gutes Essen und willst dies und mehr mit mir erleben? BmB an: alexandra@xxx.net oder: ZA 105119 DIE ZEIT, 20079 Hamburg.*«

26. Januar, 10.26 Uhr. Nichts. 11.03 Uhr. Nichts. 11.04 Uhr, 11.51 Uhr, 12.20 Uhr: Nichts, nichts, nichts. Keine einzige Mail. Kann, nein, darf doch nicht sein. Ich renne runter zum Briefkasten, wahrscheinlich wurde die Anzeige nicht gedruckt, beruhige ich mich.

Wurde sie. Hm. Ich schaue erst mal nicht mehr ins Postfach.

Bis 23 Uhr halte ich das aus. Dann gucke ich doch. Und? Sechs ungelesene E-Mails! Zwei vom Mailanbieter, eine von der *Zeit*, okay – aber drei (!) von Unbekannt! Ich öffne die erste. Von Hans Haub. »Post für Sie. Viele Grüße, Hans«, schreibt Hans. Angehängt sind »Brief von Hans« und »Hans Foto«. Erst der Brief. »An die freundliche Inserentin aus der *Zeit*«, steht da. Und: »Ihre Anzeige in der *Zeit* habe ich mit großem Interesse gelesen. Gerne möchte ich mit Ihnen Kontakt aufnehmen. Ich bin

Bayer, 47 Jahre jung, 176, 78 Kilo, so weit die Zahlen. Ich bin ein humorvoller und lebensfreudiger Mensch, ehrlich, weltoffen, vielseitig interessiert und begeisterungsfähig, zuverlässig, mit breiten Schultern zum Anlehnen, von Beruf Gewerkschaftssekretär, Parteimitglied (links!), nicht religiös und (toleranter) Nichtraucher. Ich bin gewiss kein Sportler, aber auch nicht ganz unsportlich – was ich mag: gute Gespräche, Bücher (Geschichte, Politik, Philosophie), Kino, Musik (Rock, Blues & Klassik, Klavierkonzerte), Wandern, Städtereisen, Schachspielen und vieles andere mehr. Mein Wunsch: eine liebevolle Partnerschaft auf Augenhöhe – am liebsten für immer! Über eine Antwort von Ihnen würde ich mich sehr freuen! Liebe Grüße! Hans«.

Ganz ehrlich. Das ist ein Serienbrief. Nein, eine Serientabelle. Die Hans wohl jede Woche an alle »freundlichen Inserentinnen aus der *Zeit*« schickt. Das Foto zeigt einen Mann mit Halbglatze im Anzug. Mit IG-Metall-Ansteckpin am Revers.

Ich öffne die nächste Mail, von »rioralf«. »Du in der *Zeit*«, lautet der Betreff. Eine kurze Mail ist das. »Hallo du, ich heiße Ralf, bin 50, 190 groß, schlank, promoviert, gut situiert und würde dich sehr gerne kennenlernen. Auf der Suche bin ich nach einer gepflegten, gebildeten, femininen und aufregenden Frau im Raum München. Magst du einfach mal anrufen? Liebe Grüße Ralf 0161–606366XX. (Ein Foto kommt bei Interesse gerne per Mail.)«

Das soll er doch erst mal schicken.

Dritte Mail. Von »Daniel Essler«. Und die klingt klasse. »Hallo lebensfrohe Alexandra?! Ich habe heute deine Anzeige im *Zeit-Magazin* entdeckt und möchte dir schrei-

205

ben. Ich, Daniel, bin ein fröhlicher 30-Jähriger aus Berlin, jedoch hat es mich zum Ingenieursstudium und zur Arbeit nach Bayern und nach Augsburg gezogen. Exakt auf deine Beschreibung passe ich nun wirklich nicht. Aber die Liebe zum guten Essen und die Unternehmungslust kann ich ohne Weiteres teilen. Liebe Grüße, Daniel«.

Dass Augsburg wohl weniger nah an Berlin liegt, dafür kann der Daniel ja nichts. Ich klicke auf sein Foto. Dunkle Haare, dunkle Augen und ein breites Grinsen. Sympathisch. Ich antworte. Und hoffe, er kommt dann doch öfter mal nach Berlin.

Einen Tag später. Daniel hat geantwortet. »Guten Morgen, liebe Alexandra, ich freue mich über die schnelle Antwort. Planmäßig bin ich erst Ostern oder später wieder in Berlin. Jedoch spiele ich mit dem Gedanken, im Februar meine Familie zu besuchen. Für einen Kaffee bin ich dann natürlich zu haben.« Na, das ist doch schön, Daniel. Er soll sich schnell melden, wenn er da ist.

Drei neue Mails sind noch angekommen. Von »Jörn Gerste«, »foto_nils« und »Gintonic-Gianni«. Ach. Ich widerstehe dem Drang, sofort auf Gintonic-Gianni zu klicken und widme mich erst mal Jörn. Und: Wow. Das ist mal neu. Jörn hat nicht einfach eine Mail in den Computer getippt – er hat eine Postkarte geschrieben und eingescannt. Mit Füller. Wie schön. Und Foto. Leider weniger schön. Egal, ich antworte ihm. Seine Karte und sein Schreiben sind einfach zu nett. »Hallo Alexandra, deine Anzeige finde ich sehr sympathisch. Ich bin 40 Jahre alt, NR, 177 cm groß, aufmerksam, zuverlässig und pflegeleicht. Ich mag Kunst und Kultur (Theater, Kino, Ausstellungen), treibe Sport (Fechten), liebe italienische und asiatische Küche und arbeite für ein IT-Unternehmen in

Hamm. Wenn dir diese Karte gefällt, freue ich mich, mehr von dir zu erfahren. Viele Grüße, Jörn«.

Nächste Mail. Von Gintonic-Gianni. »Hier ist der adäquate Herr! Gerne spanne ich mit dir den bunten Schirm des Lebens auf. Ich bin 35 Jahre jung, 184 cm groß und bin in der internationalen Zusammenarbeit engagiert. Liebe Rotwein, Picknicken, helles Licht, Sand, Wasser, Berge, Skifahren und alles Schöne dieser Welt. Freue mich auf deine Antwort. Herzlichst, Gianni«.

Das man immer gleich eine Serientabelle der Eigenschaften mitschickt, scheint wohl so üblich zu sein. Egal, offenbar haben die da mehr Erfahrung als ich.

Zur letzten Mail. Von »foto_nils«. »Hallo. Ich weiß nicht, ob ich etwas mit dir erleben möchte ... Liebe Grüße, Nils«.

Aha. Okay. Muss er ja nicht. Schreibe ich ihm auch. Und grinse dabei. Das ist doch zumindest mal keine »Das kann ich alles«-Tabelle. Witzig, wenn er es tatsächlich dabei belassen würde. Wär halt nicht effektiv. Aber gut, er muss ja wie gesagt nicht.

Mister Masche

In der Sitcom *How I Met Your Mother* ordnet Protagonist Barney Stinson seine Anmachen nach System. Da verkleidet er sich schon mal als »Mrs. Stinsfire«, um den Collegegirls im Mädchentrakt mit seinem »Staubstab« näherzukommen. Als »Lorenzo von Matterhorn« baut er sich eine falsche Web-Identität als heimlicher Milliardär mit Penisübergrößenproblem auf, was die Frauen fleißig nach der ersten Begegnung ergoogeln dürfen, oder er verkleidet sich als Flaschengeist, an dem man »nur kräftig rubbeln« müsse, damit er entfleucht. Niedergeschrieben hat Barney das Ganze im *Playbook,* das natürlich längst von der Produktionsfirma zu Geld gemacht als 1-A-Single-männer-Geburtstagsgeschenk dient. Das *Playbook* hat »foto_nils« wohl auch mal bekommen und glaubt nun fest daran, dass seine »Ich-find-dich-scheiße«-Masche funktioniert. Auf meine Antwort, dass er ja schließlich nichts mit mir erleben müsse, antwortet Nils: »CIAO.«

Ein tolles Spiel. Ich schreibe: »So ganz normal ist das ja nicht …« Einen Tag später, er antwortet: »Was soll denn normal oder nicht normal sein? Wer setzt hierfür die Norm?« Okay, Mister Stinson, ich hoffe, du siehst im Anzug auch so aus wie Schauspieler Neil Patrick Harris. »Du anscheinend nicht«, antworte ich ihm. Er schreibt wieder: »Du bist mir einfach zu blöd … Geh noch ein bisschen auf die Wiese und gackere weiter, du dummes Huhn … Du hast offenbar nicht mehr als zwei Hirnzellen, und die schießt du wohl auch gerade ab.«

Okay. Entweder Nils ist Herr Matuschek, der wegen seiner ganzen langweiligen Dates mal nebenbei ausrasten muss – nicht böse sein, Milosz –, oder Nils ist Sadist. Und Psychopath.

»Funktioniert die Masche eigentlich oft?«, frage ich ihn. Mittlerweile müsste er doch mehr Infos brauchen, um geil zu werden. »Whatever you want, forget it, I am not interested …«, schreibt Nils.

»Wow, Englisch kannst du neben Beschimpfungen auch. Toll! Wann löst du denn auf?«, schreibe ich ihm. Was er erreichen will, hat er dann wohl erreicht. Langsam werde ich wütend. Und Nils still. Er antwortet nicht mehr.

Ob er weiß, dass der Barney-Stinson-Darsteller im realen Leben schwul und Teil eines glücklichen Doppel-Vater-Teams ist?

Prinz 2.0

Zurück zu den netten Antworten. Zu Daniel, dem Augsburger zum Beispiel.

»Vielleicht hast du ja Lust, mit mir zu telefonieren, bevor wir uns treffen?«, schreibt er. »Die beste Zeit für ein ruhiges und vielleicht ausgedehntes Gespräch ist nach 19 Uhr. Dann habe ich unter Garantie Feierabend und mich schon ein wenig entspannt.«

Gut, mit 19 Uhr Feierabend kann ich zwar nicht dienen, aber das Internet kann ja doch mal ganz praktisch sein. Er schreibt tags, ich nachts. Und schon drei Nächte und Tage später sind wir verabredet.

»Also meine Eltern wohnen in Glindow. Ich hätte keine Probleme damit, nach Berlin reinzufahren, wenn ich sie in drei Wochen besuche. Dann trinken wir Kaffee«, schreibt Daniel. Und: »Ich freue mich schon auf dich.« Und ich freue mich, dass er so unkompliziert ist und einfach mal plant. Ich schicke ihm mein Foto, damit er mich beim Treffen erkennt, und schreibe: »Wie schön, ich freue mich auch auf dich!« Daniel schickt ein Foto zurück.

Von einem Schloss. Auf dem er wohnt. Kein Witz. Er wohne da aber nicht allein, sagt er. Sondern in einer Zweck-WG. Ein Prinz 2.0. »Wenn ich den Leuten davon erzähle, glauben sie mir meistens nicht, dass ich in solch einem Haus wohne«, schreibt Daniel.

Zu Recht. Die Fotos, die Daniel mitgeschickt hat, sehen einfach zu schön aus. Ein kleines, weiß getünchtes Schloss, gotischer Stil, rote Spitztürmchen inklusive Kreuzrippengewölbe. »Du musst mir unbedingt noch ein paar Innenansichten zeigen – so Überbleibsel wie den Kamin, kleine Steintreppen oder versteckte Kammern am besten«, schreibe ich Daniel. Hoffentlich hält er mich nicht für allzu schlossgeil … »Die Entscheidung für das Zimmer war ganz einfach«, antwortet Daniel. »Abgesehen von dem Haus, kann ich innerhalb von einer Minute mitten im Wald stehen. Und so bin ich entweder mit dem Rad oder zu Fuß in den Wäldern unterwegs. Bei meinen Ausflügen habe ich schon viele Orte entdeckt, die dich auch interessieren würden.« Und: »Vielleicht ergibt sich ja die Möglichkeit, dass ich dir das alles zeigen kann.« Ach, Daniel. Das wäre schön. Ich freue mich, ihn kennenzulernen.

Samstag, zehn Uhr. Auf dem Weg zu Starbucks, die Friedrichstraße runter, fällt mir auf, dass ich mir vor lauter Schlösser-Begeisterung das Foto von Daniel nicht noch einmal angesehen habe. Soweit ich mich erinnere, war es aber auch relativ verschwommen. Aber der da vor dem Eingang steht, dunkelhaarig, Jeans, Anorak, groß – der müsste es sein. Als ich näher komme, dreht sich Vermeintlich-Daniel leicht nach links weg. So, dass er mit dem Profil zu mir steht. Aber er schaut mich weiter an. Das sieht natürlich leicht angestrengt aus. Ich trete auf ihn zu. »Daniel?« »Ja, hey, Mensch, schön, dass du da bist«, sagt Daniel. Ich drücke ihm die Hand – immer noch steht er nur mit der rechten Seite zu mir gewandt da. »Ist alles okay?«, frage ich ihn. Vielleicht hat er ja Zug bekommen, kann man ja nicht wissen. »Ja, ja, wollen wir rein?«, sagt Daniel und dreht sich um Richtung Eingangstür.

Und da sehe ich es. Daniel fehlt ein Ohr. Also, links. Da ist nur so etwas wie ein Knorpel, der über den Ohreingang ragt. Das klingt wahrscheinlich schlimmer, als es aussieht. Wirklich. Aber Daniel scheint es unangenehm zu sein. Sowohl an der Kasse als auch im Sessel, in den er sich mir gegenüber mit Moccacino in der Hand setzt, dreht er stets nur die rechte Seite zu mir. Ich habe keine Ahnung, wie man damit umgeht, merke aber, wie ich verkrampfe – und spreche ihn deshalb einfach darauf an. »Sag mal, Daniel, mit deiner linken Seite, da kannst du auch schlecht hören, oder?«, frage ich ihn. »Ja, da bin ich komplett taub«, sagt Daniel. Und guckt entschuldigend. »Oh, das tut mir leid, ich dachte nur, ich frage dich lieber gleich, was dir da passiert ist, sonst wissen wir beide, dass wir das Thema die ganze Zeit zwanghaft versuchen auszusparen«, sage ich. »Nein, nein, das ist schon richtig, ist einfach ein Geburtsfehler«, sagt Daniel. Wow, das hat gutgetan. Also, dass wir das gleich angesprochen haben. Dann sind wir damit auch durch, ist doch super. Und tatsächlich – ab diesem Moment unterhalten wir uns locker miteinander.

Daniel erzählt mir von seinem Studium in Frankfurt, seiner Arbeit als Feinmechaniker für Kamerazubehör und seinem Freundeskreis, den er hauptsächlich nach der Schulzeit aufgebaut habe. »Da wurde ich nicht mehr gehänselt«, sagt Daniel. Oh je. »Manche Menschen sind echt bescheuert«, sage ich ihm. »Ja«, sagt Daniel.

Eine Stunde später besteht er darauf, mich zur Arbeit zu bringen. Wir laufen zu Fuß die Charlottenstraße runter, überlegen, ob wir uns an Ostern wiedersehen könnten, wenn er wieder bei seinen Eltern zu Besuch ist. »Ich werde da wahrscheinlich selbst zu Hause sein«, sage ich. »Hm, dann vielleicht ein anderes Wochenende im April?«, fragt Daniel. »Wird schwierig«, sage ich. »Prinzipiell?«, fragt Daniel. »Ja«, sage ich. Ich bin echt bescheuert.

Apropos bescheuert

 »Sehr geehrtes Fräulein Alexandra, hiermit möchte ich bitte Ihrem Gesuch im Zeit-Magazin Fünf meine Sympathie ausdrücken. Unternehmungslust bestimmt mein Leben, wobei mich viel Phantasie, Kultur, Essen, Gesellschaft, Sport und Bildung immer begleiten. Ich bin ein 168 cm großer, 1984 in Berlin geborener junger Herr, der jetzt in Wolfsburg lebt. Vielen Dank und alles Gute. Mit freundlichen Grüßen, Patrick Pekrawa«

Patrick, Patrick, was ist da bloß los. Wenn er das nicht ernst meint, okay. Wenn doch, oh weh. Ich schreibe ihm, dass ich mich freue, wie gewählt er sich ausdrücken kann – wir jedoch gern ganz normal miteinander reden können. Und Patrick antwortet: »Sehr geehrte Alexandra, hiermit danke ich Ihnen herzlich für Ihr Interesse und bitte Sie herzlich, offen und frei zu reden, wie Sie es mögen. Es muss schon sehr viel passieren, dass ich mir einen Ton verbiete. Selbst meinen Ton zu ändern missfällt mir jedoch. Erst recht beim Kennenlernen fremder Menschen. Aber bitte, nichts für ungut. Nach Wolfsburg zog ich, um ein Studium des Autobauens anzutreten. Mein Ziel ist es, Autobauer zu werden. Zugegeben, es läuft nicht überragend, und so arbeite ich vor allem in den

Ferien an »Plan B«. In der Freizeit habe ich das Glück, an einem Gesellschaftstanzkurs teilzunehmen. Dieses Erlebnis zeigte mir, wie wichtig menschliche Nähe sein kann. In der Kindheit bis zum Abi gab es diese Nähe automatisch. Doch nun, als werdender Herr in der Erwachsenenwelt, in fremder Stadt und Hochschule, nicht mehr. Zugegeben, ich vermisse menschliche Nähe, aber keinesfalls diese von Familie, Kumpels oder Freunden. Dann sah ich Ihre Anzeige. Ansprechend und sympathisch. So kam es. Mit freundlichen Grüßen, Patrick Pekrawa.«

Okay, das meint er nicht ernst. Entweder wir haben hier einen Fall von »und täglich grüßt das Milosz-Tier« – oder er ist der zweite Stefan, der Lust auf Spielchen hat. Drecksau. Ich hab nie behauptet, dass das nicht Spaß machen kann. Aber: Man sollte sich schon gegenübersitzen, -stehen, -liegen. Und »Pekrawa«? Als »Autobaustudent« in Wolfsburg? Hase. Wenn du mit mir spielen willst, dann richtig. Etwas mehr Einfallsreichtum als seinen Nachnamen nach dem Studienobjekt, »**Personenkraftwa**gen«, zu betiteln gehört da zum Beispiel zu.

»Lieber Patrick, ich finde es trotzdem merkwürdig. Solltest du tatsächlich in diesem Stil schreiben, habe ich jemanden wie dich noch nie gelesen«, antworte ich. Und: »Sollte da jemand anderes hinter ›Herrn Pekrawa‹ stecken, freue ich mich drauf, ihn kennenzulernen. Liebe Grüße von der geehrten Alexandra.« Ob er nun vernünftig wird?

»Sehr geehrte Alexandra, mit Verlaub, ich fühle mich leider nicht wie Ihre richtige Wahl. Vielen Dank für Ihr Interesse. Alles Gute und viel Erfolg. Mit freundlichen Grüßen, Patrick Pekrawa.«

So viel zur Suche nach dem adäquaten Herrn …

Und es gibt sie doch

Drei Wochen ist es nun her, dass meine Anzeige erschienen ist. Und, werter Milosz, ich kann nur sagen: Gut, dass ich mich für die Printvariante entschieden habe. 28 Männer haben geantwortet. 28! Auf eine Vier-Zeilen-Annonce, in einem Druckwerk! Die digitale Revolution scheint den Dating-Markt jedenfalls nur bedingt komplett übernommen zu haben. Es sind so viele nette Mails. Okay, die sind auch digital, verstehe schon – aber sie kamen auf einen gedruckten Text. Ach, ich liebe Gedrucktes. Und die Absender haben sich solch eine Mühe gemacht. Ich komme kaum nach zu antworten.

Da ist zum Beispiel Constantin. »Hallo Alexandra, deine Anzeige hat mich neugierig gemacht. Kurz zu meiner Person: Ich bin 37 Jahre alt, habe studiert, arbeite im öffentlichen Dienst und lebe und arbeite im Rhein-Main-Gebiet. Eine Leidenschaft von mir ist das Kochen. Vielleicht kann ich dich auch einmal kulinarisch verwöhnen?« Klingt großartig, Constantin. Das Foto, das er mitgeschickt hat, sieht auch sehr nett aus. Nein, wirklich. Blaues Hemd, Brille, Modell »Elégance«, offenes Grinsen, dunkle, etwas längere Haare mit Tolle, auf einer Messe. »Berlin mag ich sehr«, schreibt Constantin. »Ich habe in Potsdam studiert und habe dabei die Hauptstadt in mein Herz geschlossen. In der nächsten Woche wollte ich eigentlich wieder einmal nach Berlin fahren. Die geplante Gerhard-Richter-Ausstellung in der Neuen Nationalgalerie interessiert mich sehr.«

Jaaaa – ein Berlin-Fan! Der sich mit mir den Richter anschauen mag! Ist doch herrlich. »Ich laufe auch regelmäßig, fahre Rennrad und mache seit vier Jahren Power-

Yoga. Ein esoterischer Mensch bin ich durchs Yoga jedoch nicht geworden :-)«

Gott sei Dank.

»Es dient eher meiner Fitness. Sendest du mir auch ein Bild von dir zu? Liebe Grüße und bis hoffentlich bald, Constantin.« Ach, Constantin. Du bist toll. Natürlich sende ich dir auch ein Bild von mir. Und schreibe: »Wenn du magst, freue ich mich, solltest du Anfang März in Berlin sein, wenn wir uns die Richter-Ausstellung anschauen. Da wollte ich nämlich auch noch dringend hin.«

»Hallo Alexandra, vielen Dank für das Foto. Du bist sehr attraktiv! Bist du eigentlich auch offen für ein Abenteuer, eine Affäre?«, fragt Constantin. »Wir könnten uns dann sozusagen auf halber Strecke zwischen Frankfurt und Berlin treffen …«

Ähm, nein. Hatte ich wohl schon in der Anzeige geschrieben. Und dass ich mich auf den Richter mit ihm freue, in der Mail. Schade. »Was findest du an dir eigentlich besonders attraktiv?«, fragt Constantin ungefragt in einer weiteren Mail. »Mein Vorschlag wäre, dass wir uns beispielsweise auf halber Strecke in Erfurt oder Weimar treffen. Hast du eigentlich Erfahrungen bezüglich solcher Treffen?« Ach, Constantin.

Egal, da wäre ja auch noch Manfred. Promovierter Ingenieur aus der Schweiz, 48, Nichtraucher, 185, ledig.

Oder Maurice aus Mainz, der mir ein Foto von sich vor einem Schloss schickt. »Hey, Alexandra, bin 33 und gerade für einen neuen Job nach Mainz umgezogen. Komme aus dem Weiterbildungsbereich und starte hier den Aufbau einer französischen Mediengruppe. Habe dir mal ein Bild rausgesucht, aufgenommen ist es vor einem der Schlösser im Loiretal.«

Oder Jan. »Hallo Alexandra ... Wie fängt man am besten an, auf eine Kontaktanzeige zu antworten? Gern würde ich etwas außergewöhnlich Kreatives oder Einfallsreiches schreiben. Aber ich will einfach ganz ehrlich sein.« Ach, ich mag ehrliche Menschen.

Wie vielleicht Jochen, der Schwabe und 32 ist und »Zeit mit Kultur und gutem Essen verbringt und besonders gern dafür nach London fliegt«?

Oder Mark aus Köln, für den es »eine neue Erfahrung« sei, »auf eine Kleinanzeige zu antworten«. 40 Jahre sei er alt, 181 cm groß, 63 Kilo leicht, mit blauen Augen und »ganz zufrieden« mit sich. »Was mir fehlt, ist jedoch ein weibliches Pendant, mit dem man viel erleben, sich verlieben (so hoffe ich es jedenfalls, und es wäre schön) und – falls das mit dem Verlieben nicht klappen sollte – immer gut befreundet sein kann.« Für eine eventuelle Zukunft mit mir – Vier-Zeilen-Alexandra – sei er »neugierig und lernbereit«, schreibt Mark. Und wenn ich Interesse hätte, könne man sich bald persönlich kennenlernen, weil er »ein persönliches Gespräch immer sehr viel wichtiger und besser als lange Mailbekanntschaften« finde. Wie recht er hat. »Eine Beziehung, ein toller Mensch an seiner Seite, das ist sehr wichtig im Leben. Eigentlich das Wichtigste«, antworte ich Mark.

Matthias aus Bremen ist 28 Jahre alt, studiert Biologie und Sport auf Lehramt, ist 1,82 Meter groß, hat dunkelblonde Haare, blaue Augen, ist gut gebaut, »sprich: ›Gutes Essen‹ mag ich auch, was nicht heißen soll, dass ich dick bin. ;)«, schreibt Matthias – und noch dazu, dass er mir trotzdem kein Foto von sich schicken mag. Weil er darauf immer so dick aussehe.

Das macht Mike aus Berlin dafür schon. Und sehr sympathisch sieht er aus. Weißes Hemd, Baskenmütze, gegerbte Haut, sitzt an der Spree. »Guten Abend, Alexandra«, schreibt er, »vor nunmehr knapp 37 Jahren erblickte ich in Hamburg das Licht der Welt und bin über die Jahre zu einem 185 cm großen, 85 kg wiegenden schlanken, blonden, nicht rauchenden, naturliebenden Halbnorweger herangewachsen.«

Und da wäre auch noch Nick aus Berlin. »Oh je, deine Annonce ist schon fast einen Monat alt ... Womöglich haben meine Konkurrenten schon ganze Arbeit geleistet und dich mit Zuschriften bombardiert. Doch davon lasse ich mich jetzt nicht abschrecken und halte an meiner ersten Kontaktaufnahme fest. Ich bin Nick, 32 Jahre alt und komme aus Berlin. Alles in allem würde ich mich als humorvollen, aktiven, kreativen und unkomplizierten Menschen bezeichnen. Was mir im Leben am meisten bedeutet? Natürlich die wichtigen Menschen im Leben ... aber ich könnte die Liste beliebig erweitern. Um ehrlich zu sein, und das setze ich immer voraus, bin ich kein klassischer Karrieretyp. Keine Angst, ich habe immer gearbeitet und werde es auch immer tun, jedoch finde ich meine Erfüllung weitaus mehr im privaten Bereich als in der Arbeitswelt. Falls du also jemanden suchst, dem du morgens die Krawatte binden kannst, bin ich vermutlich nicht der Richtige. Dafür bin ich eine ehrliche Haut und habe das Herz am richtigen Fleck, davon bin ich überzeugt. Falls meine Worte oder meine Bilder (am besten beides) dir sympathisch erscheinen, freue ich mich darüber, mal einige Zeilen von dir in meinem Postfach vorzufinden. Erzähl mir doch ein wenig von dir. Was waren die Beweggründe für das Schalten deiner Anzeige, was erhoffst du dir davon? Liebe Grüße, Nick«

Ach, Nick. Genau so jemanden wie dich wahrscheinlich. Deine Mail ist genau so geschrieben, wie sie sein sollte. Einfach ehrlich. Ohne auf irgendwelche Erwartungen anzuspielen und dabei dennoch, nebenbei, viele deiner Eigenschaften zu verraten, die mich neugierig machen.

Und dennoch, obwohl so viele tolle Mails und Briefe dabei sind, so richtig motivieren, zu antworten, kann ich mich irgendwie nicht. Komisch.

♂ EIN BISSCHEN DATE UND GANZ VIEL HORROR

Dating kann gefährlich sein. Nicht nur für Frauen. Auch Männer müssen aufpassen, mit wem sie sich einlassen. Auf dem Weg zur Traumfrau lauern jede Menge eifersüchtige Männer, groteske Profile und unmoralische Angebote. In meiner Dating-Geisterbahn versammeln sich Gestalten, die einen der Traumfrau definitiv nicht näher bringen.

Lebendtoilette Michael

Dieses Exemplar haben wir bereits kennengelernt. Das war der Mann, der sich gerne für Frauen in einen Porzellan-Thron verwandelt. Diese Spezies wartet bevorzugt auf den Schmuddelseiten von Stadtmagazinen und ist

218

das lebende Beispiel dafür, dass Authentizität bei der Partnersuche nicht alles ist. Ich finde ja ohnehin, den sollte Alexandra mal treffen, um zu sehen, wer dahintersteckt. Ich tippe mal auf einen westdeutschen Postboten mit Kleingarten, glücklich verheiratet, zwei Kinder. So nach dem Motto: Das Besondere tarnt sich gerne im Alltäglichen. Definitives Dating-Plus: Positive Überraschungen sind garantiert.

»Heartbeat39«

 »Hallo,
mir ist da zu Ohren gekommen, dass du ständig auf den Profilen von ›Schokomaus‹ und ›Zuckersüß‹ rumsurfst, ohne sie zu kontaktieren. Was willst du denn von ihnen?
MFG
PS.: Die hab ich schon klargemacht!!!«

Oh, oh, soll ich jetzt Angst bekommen? Auf dem Foto guckt mich ein Nickelback-Verschnitt mit Pferdeschwanz an, dem ich alles glaube, nur eines nicht: dass er irgendwann schon mal jemanden »klargemacht« hat. Dafür ist er mit seiner Frisur einfach 20 Jahre zu spät dran. Das nennt man dann wohl »Revier markieren« im Netz.

»Ich bin der Peter – und gleich steht er!«

P. (33), Wiesbaden:

 *»Hi du,
ich weiß, es hört sich bisschen komisch an, aber ich
würde dir voll gerne einen blasen. Ich stell mir das
total aufregend vor. Ich bin auch nicht schwul oder
so.
Gruß, P.«*

HansiHirsch:

 *»Lieber P.,
dazu müsste dein Kiefer leider ausklappbar sein, wie
bei der Eierschlange in dem Film* Die lustige Welt
der Tiere. *Und da das nicht der Fall ist, ist der Kie-
ferbruch vorprogrammiert. Deshalb: besser nicht.
Grüße, Hansi«*

Lassen wir das mal so »stehen«.

Die Nazibraut

»C-1982« aus Lübeck, Lieblingsmarke Opel, blond, posiert vor der Reichskriegsflagge und sucht vor allem Ehrlichkeit.

C. ist ein klarer Fall für Guido Knopps nächste Sen-
dung *Hitlers Urenkelinnen.* Hier sucht die Neonazibraut
»Anschluss« beziehungsweise einen Mann, den sie »er-
obern« kann. Falls sie auch speed-datet, heißt das bei ihr

vermutlich »Blitzkrieg«. Der skeptische Blick leicht nach oben will fragen: Bin ich von gestern? Bist du von morgen? Oder wie spät ist es eigentlich?

»Biss im Morgengrauen«

Oder besser gesagt: bis sogar dem Morgen graute. Ich mag ja Anti-Profile grundsätzlich ganz gerne. Bei dem Statement von »Vampiraqueen« frage aber selbst ich mich, wer sich darauf melden soll. Hoffentlich ist diese Vampirmode bald vorbei …

»[EXIL-BERLINERIN]
I 'M A FUCKIN´ PRINCESS!
rasse: arschlochkind, nur in kombination mit dem schlotrakel überlebensfähig, wird an der leine aggressiv bis bissig, ist zeitweilig stubenrein, fährt gerne auto, verträgt sich nicht immer mit anderen, braucht viel auslauf und aufmerksamkeit.
LIEBLINGSZITAT:
– deine Schlüpfer, meine Seele: auf beidem eine Spur von Scheiße.
Das einzige, was hier jetzt noch steht, ist der Ständer von meiner Lampe. Schätze, ich werd demnächst 'n Banküberfall machen oder einem Blinden eins in die Fresse schlagen, und keiner wird verstehen, warum.

Charles Bukowski
++++++++++++++++++++++++++++++++++++++

immer wenn ich meine profil-sta… äh besucher
so betrachte, vermute ich mich versehentlich bei
uglymen angemeldet zu haben. wenn du glaubst,
die große ausnahme zu sein (z.b. ein tätowierter
rock'n'roller oder geselliger bodymodder), dann
schreib mir, sofern euch was anderes einfällt außer
›tolle bilder!‹, ›hallo‹, ›wie geht's?‹!
… aber wenn nicht, GEH WEG!!
UPDATE:
ich bewerb mich auch bald bei Schwiegertochter
gesucht, *aus purer verzweiflung – wenn mich sonst*
keiner will … hobbys: malen nach zahlen, lesen, rei-
ten, männer schlagen <3
+++
GOOD TO KNOW:
Wer nervt, wird erschossen!«

ICH MÖCHTE DAS BITTE NICHT

Es gibt so Dinge, also, da kann ich, da hab ich – das
geht einfach nicht. John aus Hamburg schreibt: »Habe
in den Zeiten von Facebook & Co. deine Anzeige in der
Zeit gelesen und bin fasziniert. Ich bin 41 Jahre, 191 cm,
schlank und gepflegt, mit Dampfgarer und benutzten
Turnschuhen. Studiert, Single, allein lebend. Wenn ich dir
nicht zu alt bin, freu ich mich auf deine Antwort, auch
BmB ;).«

Zu alt nicht – aber die fünf angehängten »BmBs« mit
den Titeln »John Brillenmodel«, »John am Strand«, »John

sensibel, 1 und 2« und »John heiß« geben mir den Rest. Warum nennen Menschen ihre Fotos bloß so?

Wer auch geschrieben hat, ist Christoph:

 »Hallo liebe Alexandra, man sagt Männern ja nach, dass sie Angst vor intelligenten Frauen hätten, aber genau das finde ich besonders attraktiv. Ich bin studiert, habe die 40 bereits erreicht, bin 1,85 m groß, bei einem günstigen Gewichtsverhältnis von 78 Kilogramm, und sehe ziemlich gut aus. Zurzeit bin ich als Manager in der Automobilindustrie tätig. Ich bin unterhaltsam, bisweilen witzig, aber auch ruhig bis ernst, ehrlich, aber auch vertriebsorientiert übertreibend, rational, aber auch verrückt, verkopft, aber auch gefühlvoll, treu, aber auch mit großem Freundeskreis, Kosmopolit, aber auch wärmebedürftig und wärmespendend, eher linksliberal, aber auch konsumempfänglich, sehr nett, aber auch ungeduldig, zielorientiert, aber auch sehr sanft und zärtlich. Schreib doch einfach zurück. Lieben Gruß, Christoph«

Wow, Christoph, deine Bescheidenheit hat mich sofort angesprochen. Aber, und da sollte ich doch mal ehrlich sein: Lust, dich wegen dir zu trösten, hätte ich auch nicht. Wie schade, dass Christoph kein Foto mitgeschickt hat – nach den Zeilen dürfte er doch ein paar von sich zu Hause hängen haben. Oder im Büro. Mit Porsche vor Grand Canyon zum Beispiel. Gut – ist fies, ihm das zu unterstellen. Und: In seiner nächsten Mail schickt er eins mit.

Ich öffne den Anhang. Kein Porsche, kein Grand Canyon. Dafür eine Jacht, darauf: Christoph, in Lederjacke. Zwinkernd. Und Hand im Schritt. Schön, dass er ein Foto gefunden hat. Kann er sich gleich rahmen lassen.

Ich bin Dein Vater, Luke

Mitten in die Mailflut hinein landet außerdem ein dicker Umschlag von der *Zeit* in meinem Briefkasten. Ich gehe von einer satten Rechnung aus – und freue mich ziemlich, dass es keine ist. Sondern Post. Antworten auf die Anzeige. In Briefform. Wegen meiner brasilianischen Brieffreundin darf ich mich dann ab sofort auch nicht mehr altmodisch fühlen.

Ich öffne den ersten Brief. Mit Füller geschrieben! »Hallo! 61 Jahre alt, 1,90 m groß, ledig, Nichtraucher, von Beruf Anästhesist – das bin ich. Du möchtest mich kennenlernen, weil du die Vorteile unseres Altersunterschiedes siehst? Das ist gut. Ich sehe sie auch«, schreibt Volker.

Auf dem Foto vom nächsten Brief sitzt ein geschätzt Mittsechziger auf einer Holzbank im Schrebergartenhäuschen. Er trägt ein kariertes Hemd und über den Scheitel gelegtes kupferbraunes Resthaar. Hinter ihm steht eine Engelsfigur im Fenster. Seine Schrift erinnert mich sofort an die Briefe von meiner Großmutter, wie platzausfüllend geschwungen sie schreibt und wie sie zusätzlich liebevoll Sticker an den Rand klebt. »Liebe Lebensfrohe, adäquater 50er, Akademiker, schlank und gepflegt, mit allen geforderten Eigenschaften, würde sich über einen Anruf zum Kaffee o.ä. freuen. Zusätzlich bin ich noch optimistisch (›denk positiv oder gar nicht‹), umfassend und allgemein gebildet, aber ganz natürlich geblieben. Bitte überzeugen Sie sich, ich habe ein schönes Geschenk vorbereitet. Gruß, H. Kastritz«

Geschenke von Fremden darf ich auch gar nicht annehmen.

Die schnelle Sorte

Ein Superfoto hat Elias aus Kitzbühel geschickt. »Dein Text gefällt mir. Bin 38, schlank, dunkelblond und nicht schüchtern. Würde mich über eine Antwort sehr freuen – bitte auch ›mit Bild‹«, schreibt Elias, der mir mit männlich-kantigem Gesicht, dunklen Augen, entschiedenem Blick und etwas längeren Haaren entgegenschaut. Typ: Andy Garcia. Da muss ich natürlich antworten. Will ja nicht die Verwandtschaftskündigung von Tante Karin riskieren. Ich schicke ein Bild zurück. Und Mister Garcia schreibt: »Bist eingeladen zu mir in die Berge – setz dich in den Flieger, ich zahl dir ab Tegel.« Ähm, liebste Tante, entschuldige – aber prostituieren wollte ich mich auch für Andy nicht.

»Darmkrebs verhindern – dem Leben zuliebe«, steht auf einem anderen Umschlag. Also, auf dem Stempel neben der Briefmarke. Die mich mit ihrem Motiv, dem Kreidefelsen-Gemälde von Caspar David Friedrich, dann doch in die richtige Stimmung für einen romantischen Brief versetzt. »Hallo du. Deine Annonce finde ich interessant, ich bin Peter, 48, groß, schlank, Autor, Sternzeichen Steinbock, suche Freundin für Kaffee trinken, Kuchen essen, gute Gespräche, spazieren gehen und guten Sex am besten auch. Schreib mir doch zurück.« Ein begnadeter Essayist. Wie er den Bogen von Kaffee und Kuchen zu Sex geschlagen hat, das war schon gekonnt.

Zurück zu »Nur die Liebe zahlt«

Auf einem anderen Brief steht nur die Chiffrenummer meiner Anzeige. Hat der Verfasser den Brief etwa persönlich zur *Zeit* gebracht? Oder sucht da jemand aus dem Verlag? »Sehr geehrte Dame, mit dem Text Ihrer Anzeige dokumentieren Sie, dass Sie von Herzen den Wunsch nach einem aufrichtigen, seriösen und erfolgreichen Herrn haben, der Ihnen ein adäquates Pendant in Ihrem weiteren Leben sein sollte. Sicherlich haben Sie es aus der Resonanz auf Ihre Anzeige ja schon selbst erfahren müssen, dass sich auf Eigenanzeigen von Damen Ihres Status allzu oft Männer melden, die den Kriterien anspruchsvoller Damen mit Niveau nicht entsprechen.« Ach. Aber es wird noch besser. »Sei es, dass ein bestimmter Typus Mann nur das permanente oberflächliche Abenteuer sucht.« Ich muss an Kitzbühel-Andy denken. »Sei es, dass von Stand, Bildung, Beruf oder Vermögen Welten zwischen Ihren Vorstellungen und den von den Herren offerierten Charaktereigenschaften liegen.«

Ich wusste noch gar nicht, dass Beruf und Vermögen Charaktereigenschaften sind.

»Bei mir als Leiter von RELATIO und meinen ausgesuchten, seriösen Mitarbeitern können Sie sicher sein, dass wir überzeugt sind, auch Ihnen den Herrn Ihrer Wünsche schon in Kürze persönlich vorstellen zu können.«

Hat Relatio eigentlich was mit Fellatio zu tun? Ich fasse

es nicht – das ist schon wieder so eine Partnervermittlungsgeschichte!»First-Class-Partnervermittlung für Anspruchsvolle, seit 1984, bundesweit« steht im Fuß. Und auf der zweiten Seite eine »Vertrauensgarantie«. Darin steht: »RELATIO steht unter Leitung eines Pfarrerssohnes, dessen Tätigkeit durch christliche Einstellung zum Nächsten geprägt ist.«

Dafür bürge er persönlich, schreibt der Pfarrerssohn, der einem nach der »Wir-sind-sogar-beim-Patentamt-eingetragen«-Urkunde auf der dritten Seite mit Telefon in der Hand feist entgegengrinst. Jetzt müsse ich nur noch einen Beratungstermin vereinbaren – und schon sei ich auf dem Weg zu meinem Glück.

Ja. Das ist ja einfach. Genauso soll ich übrigens die Zeilen von Erik nicht glauben. Sagt zumindest Milosz.

»Ich finde, deine Anzeige klingt irgendwie nach etwas Besonderem. › Adäquaten Herrn zum Leben und Lieben‹, ach, wie herrlich :)) Nun zu mir: Kultur und gutes Essen kann ich, ich bin 30, 183 groß, sportlich, hab studiert und wohne aktuell im schönen Hamburg. Bist noch interessiert? Ach ja, ein Bild hab ich natürlich auch für dich. Viele liebe Grüße, Erik.«

Ich lasse mir von Milosz da einfach mal nicht reinreden – und schaue mir den Erik an. Erik sieht eher nach Südländer als Nordmann aus – dunkle Haare, Dreitagbart, dunkle Augen, schwarzes Shirt, ein fast zu schöner »Ich-brauche-im-Bad-länger-als-du«-Mann. Ob das wirklich sein Foto ist? Nein, nicht misstrauisch sein. Außerdem schreibt er noch: »Ach, Berlin, ich bin ja im Grunde verliebt in Berlin. Ich find die Stadt einfach wahnsinnig toll. So, genug. Hab eh viel zu schnell geantwortet, oder?«

Zu schnell antworten geht nicht. Ich mache es genauso und antworte dem Berlin-Fan sofort. Mit Foto.

»Hey, Fräulein Berlin, Danke für dein Foto. Es gefällt mir gut, wirft aber auch eine ganze Menge Fragen auf.«

Ach.

»Als ich auf deine Anzeige geantwortet hab, dachte ich mir, ich schenk dem armen Ding, vermutlich wenig beachtet und ein bisschen einsam, etwas Aufmerksamkeit. So bist du aber nicht, das ist klar. Warum suchst du per Kontaktanzeige? Ist doch unendlich kompliziert, und am Ende lernst du vielleicht Leute kennen, die Hunderte Kilometer weit weg wohnen. Dabei trifft sich in Berlin doch gewissermaßen die Welt. Wonach suchst du eigentlich?«

»Wahrscheinlich suche ich genau danach, was sich hier nicht durch die Szene tummelt oder mit blöden Aufs-Aussehen-reduzieren-Anmachen glänzt …«, schreibe ich. Ist ja nett, dass er einem »armen Ding« etwas Aufmerksamkeit schenken wollte. Ich muss an Milosz denken. »Woher das Freud-Gen?«, frage ich ihn.

»Vielleicht sollte ich dir mehr normale Fragen stellen?«, fragt Erik zurück. »In welchem Stadtteil wohnst du eigentlich, und was machst du im Job so? Haste studiert, oder bist du von Natur aus so klug? Welche Art von Musik magst du gerne, und hast du einen Lieblingsfilm? Ich war gestern in der neuen *Faust*-Verfilmung – schwierig, sag ich dir.« Ach, à la Mephisto-Milosz? »Apropos schwierig: Ich suche ja schon soooo lange. Wenn ich eine junge Frau kennenlerne, dann ist meist nach zehn Minuten klar, wie die nächste Stunde laufen wird. Das ist schon okay, weil die Frauen denken bestimmt das Gleiche über mich. Dummerweise hab ich einst eine Frau getroffen, die anders war. Ich hätte sie wahrscheinlich ein ganzes Leben lang mit Fragen löchern können und wäre nie bis zum Grund durchgedrungen. Ich hätte ihr jede Frage stellen, ihr von jedem Gedanken erzählen können, ohne fürchten zu müssen, dass sie es merkwürdig finden könnte. Jedes Mal, wenn ich ihr etwas erzählte, das nicht von mir stammte, also eine vermeintlich tolle Geschichte zum Angeben, dann hat sie mir diese mit ein paar Worten sofort gründlich zerlegt. Sie hat nur Gedanken akzeptiert, die von mir kamen. Den meisten Menschen ist das zu anstrengend, aber ich suche danach.

Ich bin kein pseudoromantischer Softie und will auch keine Kopie von jener, ich will mich nur nicht mit dem Gewöhnlichen zufriedengeben. Verstehst du, wovon ich spreche, oder hab ich dich jetzt endgültig verschreckt? Meine Intuition hat mir von Anfang an geflüstert, dass du eine von den so wenigen außergewöhnlichen Frauen sein könntest, die mir bisher begegnet sind. Nichts anderes wollte ich dir sagen. Ich will dich kennenlernen. Bitte lass nicht zu, dass ein paar missverständliche, unbedacht dahingetippte Zeilen von mir schon alles verhindern, was vielleicht sein könnte. Wollen wir noch mal ganz neu anfangen? Hallo, ich bin 30, 183 groß und wohne zurzeit im schönen Bayernland. Bist noch interessiert? Ich würde mich über eine Nachricht von dir wirklich sehr freuen :)) Viele liebe Grüße, Erik.«

Erik weiß also nach zwei Mails, dass ich eine außergewöhnliche Frau sein könnte? Merkwürdig.

Es ist ein billiger Trick, wenn …
… ihm seine »Intuition von Anfang an« »flüstert«, »dass du eine von den so wenigen«, »außergewöhnlichen« Frauen sein könntest,
… er nach zwei Mails meint, dich fragen zu müssen, ob du »von Natur aus so klug« seist,
… er im Schreiben mit keiner einzigen Silbe auf deine Anzeige eingeht – und es als pdf-Datei verschickt.

DAS PERFEKTE PORNO-DINNER

Mein Dating-Fasching dauert nun schon fast ein Jahr. Und mir war kein »Kostüm« zu peinlich: Ich war Mephisto, der Teufel aus *Faust*, Hirsch mit Pferdeschwanz, Zauberflötist, Witwentröster und Mutti-Sitter. Ich habe es mit Katholikinnen aufgenommen und mit Dominas, einer Hobby-Pornodarstellerin und einer Germanistikstudentin, einem Grönemeyer-Fan und einer Schlagerfanatikerin. Etwa 100 Frauen haben sich auf mich eingelassen und mich getroffen. Mit über 1500 musste ich dafür chatten und mailen. Eigentlich ein Full-Time-Job. Alexandra setzt da einfach eine Anzeige in die Zeitung, und schwupps! – schon zappeln fünf Prinzen im Netz. Mit immerhin 80 Facebook-Fans wurde Hansi Hirsch belohnt. Aber eine Frau, die ihm so richtig den Kopf verdreht hat, war noch nicht dabei. Immerhin habe ich als Single-Börsen-Animateur inzwischen einiges gelernt.

Erste Erkenntnis: Irgendwie scheint man Frauen bei ihrem »Shopping-Gen« packen zu müssen. Wenn es etwas zu gewinnen gibt, legt sich im weiblichen Gehirn offenbar ein Schalter um, und es blinkt mehrfach das Wort »Schnäppchen!« auf. Ich weiß, dass es gemein ist, Urtriebe auszunutzen. Viele denken, wo »Gewinnspiel« draufsteht, muss auch ein »Gewinn« dahinterstecken. Aber da bin nur ich, Mädels. Sorry. Mein Gott, ruft doch die Verbraucherzentrale an ...

Aber vorher: Macht mit.

 »Määädels! Es ist laaaangweilig hier. Hab mich jetzt entschlossen, eine Aktion zu machen. Und du – ja DU!! – darfst mitmachen.

Hier die Aufgabe, lösbar für jede, die mehr als ›Muh‹ sagen kann und schon mal etwas anderes gegessen hat als Wurst mit Mayo:

! – Das perfekte Hirschi-Dinner – !

Kreiere für Hirschi und dich ein phantasievolles, eindeutig-zweideutiges Vier-Gänge Menü!

Der versaut-komischste und gleichzeitig leckerste Menüvorschlag gewinnt.

Die Gewinnerin darf wählen: entweder nachkochen mit mir oder in ein nettes Lokal ausgeführt werden.

Einsendeschluss: Freitag, 13. Januar, 13 Uhr, also genau eine Woche ab jetzt. Hau in die Tasten!!!«

Zweite Erkenntnis: So manche Frau lässt andere Frauen gerne »vorkosten«. Wenn andere bestätigt haben, dass der Mann »schmeckt«, dann greifen sie zu und wollen sofort die Einzige sein. Kulinarisch gesprochen: Der Mann ist ein Wanderkeks und wird von jeder Frau einmal angebissen. Je weniger Zacken er hat, desto attraktiver wird er. Damit andere das nicht merken, nennen Frauen begehrte Männer auch gerne »Arschloch«.

Aus diesem Grund veröffentliche ich regelmäßig »Updates« in meinem Statement. Dort ist dann zu lesen, wie viele Einsendungen der begehrte Herr Hirsch schon bekommen hat, also wie angeknabbert der Keks schon ist. Und das liest sich dann so:

 »Update: Mittwoch, 11.01.2012: noch zwei Tage, Mädels. Gerade kam die 15. Einsendung. Noch ist alles offen …!«

Die Wirklichkeit in meinem Mailfach nach drei Stunden Gewinnspiel sieht allerdings etwas anders aus:

 F. (27): »Bild mit Sonnenbrille und Kippe im Mund und dann so 'ne Ansprache – sorry, du musst dich nicht wundern, wenn du hier reihenweise abblitzt. Grauenvoll!«
K. (35): »Aber sonst läuft bei dir noch alles richtig, ja?«
A. (34): »Also ich sehe nicht gerade bei dir, dass ich irgendetwas gewinnen möchte. Mann mit Sonnenbrille und Kippe in Mund … hm?!?«

Ich will A. gleich antworten und fragen, warum sie so fies zu mir ist. Aber es geht nicht. »Das Mitglied hat Sie gesperrt. Eine Kontaktaufnahme ist beiderseits derzeit nicht möglich.«

Nun gut, das sind Ausnahmen. Oder?

Es blinkt bereits die nächste Nachricht auf: »Gekocht

232

hab icke nüscht. Aba guck ma, wie ich dalieje«, fordert mich G. (39) auf, die sich auf einem Perserteppich räkelt. Hey, ich wollte ausdrücklich ein Rezept, keinen Serviervorschlag!

Irgendwie scheint erst einmal niemand zu verstehen, worauf ich hinauswill. Ist das denn so schwer zu begreifen, was ich suche? Eine kreativ-lustige Frau, die sich etwas ins Zeug legt? F. (24) meint: »Cool, danke für die Einladung, wann kochst du für mich?« Einer R. (29) muss ich erklären, dass sie noch nichts gewonnen hat, sondern erst mal einen Menüvorschlag einreichen soll! Bestimmt fünf Mal erreicht mich die Frage: »Kann ich mal einen Blick in die Karte werfen?«

Dritte Erkenntnis: Das mit dem Kochen ist heutzutage gar nicht mehr so selbstverständlich. Beweis? Hier der Menüvorschlag von N., einem Mädchen aus Hannover, die auf jedem Foto die Augen sehr weit aufreißt. Aber dazu später.

N.28
Montag, 16:55 Uhr
»Gekochtes Ei als 1. Gang, Rührei als 2. Gang, Spiegelei als 3. Gang, und zum Schluss Eierkuchen :-)«
HansiHirsch31
Montag, 16:59 Uhr
»Nicht schlecht, hast du ein besonderes Verhältnis zu Eiern? :)«
N.28
Montag, 17:03 Uhr
»In gewissem Sinne schon, ich mag gut aussehende Eier ...«

HansiHirsch31

Montag, 17:03 Uhr

»Wann gefallen sie dir denn am besten? Bzw. in welchem Zustand? Und setzt du dich dann auch mal drauf und spielst Henne?«

N.28

Montag, 17:07 Uhr

»Kommt auf den Hahn drauf an ;-)«

HansiHirsch31

Montag, 17:08 Uhr

»Den könntest du dir ja mal näher ansehen – Freitagabend?«

N.28

Montag, 17:09 Uhr

»Da brütet die Henne schon andere Eier aus.«

HansiHirsch31

Montag, 17:20 Uhr

»Jetzt mach ich aber große Augen …:)

Samstag?«

HansiHirsch31

Dienstag, 21:01 Uhr

»Meld dich mal, meine Eier sind schon ganz hart! War das jetzt ein Korb für die Eier?«

HansiHirsch31

Gestern, 19:20 Uhr

»Noch ein Tipp von mir, auch wenn du ja nicht mehr antworten willst: Augen auf beim Eierkauf!«

Vierte und letzte Erkenntnis: Olli Kahns legendäre Weisheit »Eier! Wir brauchen Eier!« eignet sich nur bedingt als Rezept. Und wie man Frauen vergrault, hat man ja gerade sehen können …

Die Siegerehrung

Es gibt leider kein ideales Dating-Rezept. Manchmal glaubt man, alles richtig zu machen, und dann geht trotzdem alles schief.

Und manchmal macht man dämliche Gewinnspiele, und es melden sich plötzlich interessante Hobby-Köchinnen! Von den 158 Mails, die bei mir in einer Woche eintrudeln, haben immerhin 19 irgendwas mit Rezepten zu tun. Zehn Beiträge davon scheitern jedoch an der Nichteinhaltung der Wettbewerbsbedingungen. Versaut *und* lustig sollten sie ja sein.

Stattdessen lese ich: »Als Erstes gibt es eine Gemüsesuppe mit Sahnehaube, danach ein Steak mit Pommes und schließlich Erdbeerpudding. Hoffe, es schmeckt dir!« Trotz der bei mir besonders gut ausgeprägten schmutzigen Phantasie vermag ich in diesem Menü weder etwas Lustiges noch etwas Versautes zu entdecken. Vielleicht ist ja die Sahnehaube eine Anspielung? Immerhin drei schaffen es in die ganz enge Auswahl.

Kandidatin Nr. 1: R. (25), Verkäuferin aus Berlin-Weißensee.

Diese Kandidatin ließ sich wohl von bestimmten Reality-Soaps auf RTL2 inspirieren. Statt einem Menü wird mir gleich ein ganzer Abend serviert:

 »Ich würde dich als Erstes in einem mit Kerzenschein beleuchteten Zimmer empfangen. In dem ich auf dem Tisch im Bikini liege und uns die Vorspeise auf meinen Körper serviere. Auf mir liegt frisches Obst, warmes Bruschetta und Lachs-Sushi. Natür-

235

lich von vielem nicht allzu viel, da das Hauptgericht noch auf uns wartet ;-) Wenn mein Körper dann leer ist, gehe ich mich schnell noch mal kurz frisch machen und ziehe mir schon mein zurechtgelegtes Kleidchen an. In der Zeit läuft für dich ein kurzer Film deiner Wahl ;-) ich brauche im Höchstfall nur 10 min. Und bin dann auch schon wieder in der Küche. Die Hauptspeise ist Rindfleisch mit Cashewkernen und Reis. Dazu 'nen guten Wein. Als Nachtisch serviere ich dir Himbeertürmchen ;-) So, das war das Essen ;) Vielleicht gefällt es dir ja ... Aber nachmachen ist schlecht zum Anfang, dadurch dass wir uns ja nicht kennen ... Schicken Abend noch ;-))«

Urteil der Hirsch-Jury (alias des Kommissars für Nahrungsmittelfragen der DDR): »Die Kreativität aus dem schönen Ost-Bezirk trifft durchaus den Geschmack der Herrenwelt. Die eigenwillige Kombination aus Obst, Bruschetta und Lachs-Sushi verbindet das Beste aus Ost und West, leistet also einen Beitrag zur Völkerfreundschaft. Der gute szenische Überblick der Wettbewerberin sowie die Gästebetreuung (u. a. »wenn mein Körper dann leer ist«, »mein Kleidchen ist schon vorbereitet« und »ich brauche höchstens 10 Minuten«) lassen einen prickelnden Abend erwarten, der sich hoffentlich nicht nur im Betrachten eines Kurzfilms freier Wahl erschöpft. Wir entscheiden uns schon jetzt für die Nachwendeproduktion »Sachsenpaule macht Remmidemmi im Restaurant«. Prädikat: vielversprechend, Platz 3.

Kandidatin Nr. 2 ist S. (25), die auf Marlboro, Havana Club und die *Gala* steht. Diese Kombination vergessen

236

wir lieber gleich wieder. Auch über ihre Beschreibung (»habe Ecken und Kanten, suche jemanden zum Pferdestehlen«) sehen wir äußerst gnädig hinweg. Ihr Dinner sieht so aus:

 »– geschlagene sahne mit viel kusskuss :-)
– ochsenschwanzsuppe mit ganzen stücken!
– crosse schenkel in rahmsoße
– zum dessert: heisse pflaumen im kühlem nass
wohl bekomms.
ps: die jungfernhaut ist die haut, die abhaut, wenn
die vorhaut zuhaut! :-)))«

Urteil der Hirsch-Jury: Eine Frau, bei welcher man auf der Haut, pardon, auf der Hut sein muss! Hier wird nicht auf Sparflamme gekocht, sondern mit handfesten Zutaten die Gelegenheit beim Schwanz gepackt. Die Dame verspeist den Mann gerne in ganzen Stücken, während die Schenkel kross und triefend sind. Und wer nicht aufpasst, landet mit der Pflaume im kühlen Nass! Prädikat: Hier weiß man, was man bekommt! Platz 2.

Als ich **Kandidatin Nr. 3** anklicke, denke ich erst: Hat die sich verlaufen? A. (30) hat ein so braves Profil, dass ich denke: Ist jetzt Fasching im katholischen Nonneninternat, oder was? Auf den Fotos steht sie im dicken Wintermantel herum und grinst schüchtern. Im Statement einer der intellektuellen Sprüche, die man ohnehin nicht liest. Beruf: Physiotherapeutin. Sie sucht eine feste Partnerschaft. Ach ja: Schwester A. backt gerne Kuchen. Und das Rezept geht so:

237

»Ich hab mal bei deiner Mama nachgefragt, und die empfahl mir das Rezept für 1 Bananenkuchen (was sonst):

2 lachende Augen

2 dicke Eier

2 wohlgeformte Beine

2 Milchbehälter

1 rasierte Rührschüssel

1 große Banane

Man schaue in die lachenden Augen, lege die beiden wohlgeformten Beine auseinander und massiere die beiden Milchbehälter leicht und zart, bis die Rührschüssel gut geölt ist (öfter mit dem Mittelfinger probieren). Die große Banane schön langsam einschieben und anschließend mit den Eiern bedecken. Der Kuchen ist gebacken, wenn die Banane weich ist. Die Schüssel nach Gebrauch auswaschen und auslecken. Sollte der Kuchen aufgehen, wird empfohlen, sich schleunigst aus dem Staub zu machen.«

Einstimmiges Urteil der Hirsch-Jury: »Wenn der Mutterkuchen spricht, haben die Spermien Pause. Das perfekte Backe-Backe-Kuchen-Angebot nebst Anleitung zum Abhauen deluxe. Selten hat eine Frau die Psychologie des Mannes so gut durchschaut: Nämlich dass es auf das Essen nicht ankommt, wenn die Rührschüssel gut geölt, die Milch warm, die Banane groß und der Fluchtweg klar ist. Besonderes Extra: Hier macht sogar der Abwasch Spaß. Prädikat: unschlagbar, Platz 1.

Fünf Minuten später schiebt A. noch eine Zugabe hinterher:

»Das Fickadellenrezept kommt noch!«

♀ OKAY, DER MUSS ES SEIN

Mit Essen spielt man nicht. Es sei denn, das Fleisch des Tieres wird dadurch zarter.

Während sich Milosz gerade für meine Banana-Split-Torte disqualifiziert – nackt gebacken –, scheine ich meinem potenziellen Partner immer näher zu kommen.

 »Hallo Alexandra, hier ist Luis aus Lissabon. Ich habe gestern deine Anzeige in der Zeit gelesen. Vielleicht möchtest du mich kennenlernen und hast Lust auf ein Blind Date mit einem Halbportugiesen? Ich bin Mitte April für ein paar Tage in meiner alten Heimat Berlin und schlage einfach mal vor, dass wir uns auf einen Kaffee im ›SET's‹ am Kudamm treffen.«

Laut Wissenschaft konzentrieren sich 80 Prozent der Aufmerksamkeit eines Menschen auf die sinnliche und soziale Präsenz des Gegenübers. 13 Prozent bleiben an der Stimme hängen und nur sieben Prozent beim Argument. Das ist wahrscheinlich auch der Grund, warum man die *Tagesschau* mit Judith Rakers verbieten sollte. Ich bekomme einfach nichts von den Nachrichten mit.

Und genauso geht es mir, als ich Luis im »SET's« in der

Schlüterstraße gegenübersitze. Wie kann man bitte so schön sein? Unfassbar. Seine Cappuccino-Ton-Haut ist so glatt, dass ich ihm Eis drauf schmieren und herunterlecken möchte. Die tiefdunklen Augen und Locken kontrastieren herrlich zu den Perlweißzähnen in seinem Gesicht. Und diese Schultern! Zum Reinbeißen!

Ich halte mich natürlich brav an das Sauerteigbrot. Und höre Luis fasziniert zu. Na ja, zumindest schnappe ich ein paar Bruchstücke auf – das mit dem Anstarren kostet schließlich Konzentration. Luis hat in Berlin studiert, weil seine Mutter von dort komme, erzählt er. Vor einem Jahr sei er nach Lissabon zurückgegangen. Und veranstalte jetzt Fado-Touren für Touristen. Das sei nicht so ganz das, was er sich mit seinem Politikstudium vorgestellt habe – aber er überlege sowieso gerade, wieder nach Berlin zu ziehen, sagt Luis. Lissabon sei ja nett, aber Berlin sei so anders, so aufregend, so unruhig.

Oh Gott, ja, »be Berlin«, jubele ich innerlich und beiße ins Brot. Das Hauptstadtmotto macht doch erstaunlich oft Sinn. Luis und ich, wir zwei, Hand in Hand über den Kudamm, Klein-Constantin und Sophie laufen vorneweg, dann, wir vier, ins Literaturcafé, Holsteiner Apfelstreusel zu Wiener Melange mit einer Riesenportion Milchschaum, während wir unseren nächsten Portugal-Urlaub besprechen, ach. »Findest du nicht auch?«, fragt Luis plötzlich. »Äh, ja, klar, sowieso«, antworte ich. Was meint er? Und warum redet der überhaupt so viel? Er kann doch einfach nur so dasitzen, das wäre doch nett.

Gott, jetzt ist aber mal gut. Ich ermahne mich, mal ein wenig Inhalt von mir zu geben, und steige auf das Gespräch ein. Mit Berlin haben wir unser Thema gefun-

240

den. Luis erzählt von seiner Studienzeit, seiner ersten und letzten, weil in den Darkroom verirrten Berghain-Nacht, seinem Nebenjob als Barkeeper in Mitte und seiner Wohnung auf der Torstraße. »Ich hatte dann oft bei der Arbeit schon genug von Szene und Feiern – privat hab ich eher mal für Freunde portugiesisch gekocht oder so«, sagt Luis. Ob ihn mein Dauergrinsen langsam nervt? Ich bereue jedenfalls, das Treffen mit ihm vor die Arbeit gelegt zu haben, als ich nach einer guten Stunde schon gehen muss. »Ja, schade«, sagt Luis, »aber hey – hast du nicht Lust, mich demnächst mal in Lissabon zu besuchen?«

♂ OKAY, DIE HÄTTE ES WERDEN KÖNNEN

Heute ist es so weit. Ich treffe endlich Annika, die Gewinnerin meines Wettbewerbs. Auch wenn das Fickadellenrezept letztlich doch ausgeblieben ist – sie hat mir den mit Abstand schmutzigsten Menüvorschlag präsentiert: »Bananenkuchen à la ordinär inklusive Rührschüssel zum Auslecken.« Für unser Date habe ich mir deshalb etwas Besonderes einfallen lassen: Wir treffen uns in einer schönen französischen Brasserie im Prenzlauer Berg. So richtig mit dunklem Mobiliar, einem Pianisten und zehn Seiten Weinkarte.

Das Schlechte an französischen Lokalen ist: Die Tische stehen so eng, dass wir fast mit unseren Nachbarn am gleichen Tisch sitzen. Rechts neben uns sitzen zwei etwa 45 Jahre alte »Gabys«, die eine blond, die andere brünett.

Wahrscheinlich zwei alte Freundinnen, die inzwischen eher zuhören als reden.

»Welchen Wein wollen wir trinken?«, fragt Annika. »Weiß oder rot?«

»Das ist wie die Frage nach blond oder brünett«, entgegne ich. »Da kann ich mich auch immer nicht entscheiden, höhö.« Annika schweigt und guckt etwas verwirrt. Oh Gott, hoffentlich denkt sie jetzt nicht, dass sie mir mit ihren braunen Haaren nicht gefällt. Gesprächspause. Am Nebentisch schaukelt sich derweil ein Glucksen hoch. Die brünette Gaby fängt an zu beben und explodiert plötzlich in ein lautes Gewiehere. »Hahaha, also so was habe ich ja noch nie gehört!« Annika und ich gucken erst uns erstaunt an und dann die Gaby. »Hä? Was war denn das jetzt?« Wir überlegen offenbar beide, was komischer ist: das, was ich rede, oder die brünette Gaby am Nebentisch, die sich vor Lachen schüttelt. Wir sagen den Gabys kurz Hallo und stecken dann wieder die Nase in die Karte.

Wir entscheiden uns für einen Grauburgunder, 30 Euro die Flasche.

»Den haben wir auch genommen!«, frohlockt die brünette Gaby. Die blonde Gaby nickt zustimmend. Sie hat ganz klar die Komparsenrolle am Tisch.

»Äh ja, schön.«

Wir nicken ihr halb freundlich zu und widmen uns der Essensauswahl. Schon blöd, wenn man beim ersten Date Publikum hat. Annika guckt mich an, grinst gnädigverlegen und verdreht die Augen, also wollte sie sagen: »Go-o-tt, die nervt!«

Das Lokal ist jetzt gut gefüllt. Annika schlägt vor, dass jeder etwas für den anderen zum Essen aussucht. So als

Überraschung. Die Austern als Vorspeise haben wir bereits verdrückt. Ich wähle für sie ein Zanderfilet auf Wurzelgemüse. Sie überrascht mich mit einem Wildschweinragout. Wir öffnen die zweite Flasche Grauburgunder. »Und, hast du dir so ein erstes Date mit Hans Hirsch vorgestellt?«, frage ich. »Eigentlich dachte ich, du bist viel primitiver, da hatte ich zuerst ein bisschen Angst. Vor allem, weil du auf die Frage nach deinen charakterlichen Vorzügen geschrieben hast: 43 cm Oberarm.«

»Ich bin wirklich manchmal etwas prollig!«, entgegne ich und blicke erst zu Annika und dann etwas nach rechts. Ich merke, dass die brünette Gaby zuhört und mitnickt. Wir werden tatsächlich die ganze Zeit über belauscht!

Okay, was soll's. Ich drehe mich zu Gaby.

»Das ist heute übrigens unser erstes Date. Wir haben uns im Internet kennengelernt«, sage ich.

»Ach nein, wirklich? Wie schön«, freut sich Gaby.

»Bist du verrückt, das musst du doch nicht gleich erzählen«, zischt mich Annika an.

»Haben Sie auch schon mal jemanden im Internet kennengelernt?«, frage ich Gaby. »Äh, ja, schon. So vor drei Jahren zuletzt«, antwortet Gaby verdutzt.

»Und in welcher Singlebörse?«, frage ich ungeniert. Ich finde, dass auch wir durchaus etwas über Gaby erfahren dürfen, wenn sie alles über uns mitbekommt. Annika sackt derweil etwas unter den Tisch.

»Ich glaube, es war e-darling oder so was.«

»Ah, ja, interessant«, sage ich. »Und Sie sind die Mutter?«, frage ich die blonde Gaby.

»Nein, ich bin die Freundin.« »Oh, tut mir leid.«

Annika guckt mich mit großen Augen an. Ich zucke

mit den Schultern. Was soll's, jetzt haben wir wenigstens Ruhe für das Dessert, Crème brûlée.

Wir löffeln unsere Crème, und Annika erzählt von ihrer Praxis als Physiotherapeutin. Die Gabys machen keinen Mucks mehr. Seit zwei Jahren ist Annika jetzt selbstständig und hat es inzwischen geschafft, sich einen eigenen Kundenstamm aufzubauen. Wir reden über Karriere, das Leben und die Schwierigkeiten, den Partner fürs Leben zu finden. Es sind schöne, verträumte Minuten. Mir fallen ihre wachen Augen und ihre vollen Lippen auf. Es ist die Art von Moment, bei dem man das Gefühl hat, eine Person schon lange zu kennen.

»Entschuldigen Sie bitte, wenn ich störe«, reißt uns die brünette Gaby aus dem Gespräch.

»Ich habe gehört, dass Sie Physiotherapeutin sind.«

Annika nickt.

»Hätten Sie Interesse, sich nebenbei noch etwas Geld dazuzuverdienen? Ihr Einkommen bestimmen Sie selbst. Vielleicht wollen Sie mir Ihre Telefonnummer geben?«

»Äh, und was ist das für ein Job? Eigentlich bin ich ja ziemlich ausgelastet«, meint Annika.

»Also das Ganze nennt sich Amway und kommt aus Amerika. Wir sind der weltweit größte Vertrieb von Haushaltswaren. Zahnpasta, Klo-Reiniger, alles Mögliche.«

Was man doch alles erlebt, denke ich auf dem Heimweg. Da gibt es doch tatsächlich Leute, die fremde Leute bei ihrem ersten Date fragen, ob man für sie Putzmittel verkaufen will. Annika hat den Job natürlich abgelehnt.

Wie auch immer. Ich bin betrunken und will heute Abend noch was erleben. Annika ist schon höchst angeheitert davongebraust. Ich gucke auf mein Handy. »Kommst du noch mit zum Salsa?«, fragt ein Freund per

SMS. Okay, Salsa kann ich zwar nicht, denke ich, aber wenn der Pegel stimmt, werde sogar ich Bewegungs-Legastheniker zum Latino. Zumindest bilde ich mir das dann ein.

Die Salsa-Party ist halb voll. Ich stehe mit meinen zwei Kumpel an der Bar und kippe noch drei Cuba Libre hinterher. Ich bin jetzt voll. Und ganz überzeugt, nun auch wirklich tanzen zu können und zu wollen. Ich bewege mich im Zeitlupentempo auf die Tanzfläche und fordere – natürlich – die beste Tänzerin zum Tanzen auf. Rotzfrech. Okay, der Tanz dauert nur 20 Sekunden. So lange braucht sie, um zu merken, dass es kein Salsa ist, sondern Rentner-Polonaise. Aber die 20 Sekunden sind es wert. Auch wenn die Zeit gerade mal ausreicht, um zu erfahren, dass sie mal Schauspielerin am Theater war. Gerne hätte ich noch etwas länger in ihre braunen Rehaugen geschaut. Und sie einfach nur gehalten. Denn das fühlte sich verdammt gut an. Trotz der geschätzt zwei Promille. Die nächsten zwei Stunden schaue ich ihr von der Bar aus zu. Und merke am Ende des Abends, wofür man gute Freunde hat. Denn Ben und Sebi haben natürlich bemerkt, dass ich noch gerne länger mit der hübschen Unbekannten getanzt hätte.

»Hast du ihre Nummer?«, fragt mich Sebi. Die tanzende Schauspielerin steht am Ausgang und sucht ihre Jacke. »Nee, hab ich nicht«, sage ich. »Na dann hol sie dir, verdammt noch mal!« »Spinnt ihr? Ich laufe doch keiner Frau hinterher« ist das Letzte, was ich noch rausbringe, bevor mich Ben und Sebi in ihre Richtung schubsen. Das hat sie natürlich gemerkt. Wir müssen beide lachen – und tauschen Nummern.

Da date ich Hunderte Frauen, schlüpfe in Rollen, denke

245

mir Spiele aus und veranstalte ein großes Tatütata, wo es doch so einfach zu sein scheint. Ich weiß nicht warum, aber das Gefühl stimmt einfach. Ich rufe sie an. Ganz bestimmt.

ALLES HAT EIN ENDE, NUR DIES BUCH HAT DREI

Luis hat sich nicht gemeldet. Bitter. Ich war wohl weder interessant noch Judith Rakers genug. Oder sehe ich den Mann vor lauter Dating nicht? Laut Soziologin Eva Illouz soll zu viel Auswahl ja unsere Entscheidungsfähigkeit beeinträchtigen …

Wie auch immer. Es geschieht mir ganz recht. Ich fühle mich sowieso schon schlecht genug. Besonders bei denen, die auf meine Anzeige geantwortet haben. Solch eine Mühe haben die sich gemacht – und ich habe geradezu lustlos – wenn überhaupt – reagiert. Habe nur noch zugehört, die gleichen Fragen gestellt, nach Raster sortiert.

Leide ich jetzt an Dating-Überdruss? Flirt-Fieber? Auswahl-Angina? Wird man irgendwann gleichgültig, unempfänglich für echtes Gefühl, Aufregung, Spannung? Oder war tatsächlich nicht »der Richtige«, der »Prinz mit seinem scheiß Gaul« dabei? Bei dem ich trotz der vielen anderen Treffen sofort all das wieder empfunden hätte, was ›verliebt sein‹, was ›Liebe‹ genannt wird? Herr Wundervoll ist wundervoll, gar keine Frage. Ein Mann zum sofort Heiraten. Und der Prinz aus Brandenburg – das war doch einer! Und Luis? Dessen Schultern hätte ich gern auf Brot. Marc, Sven, Luis – sie alle waren, nein, sind doch wünschenswerte Partner.

Was also ist denn bloß los mit mir? Ich sollte das dringend mal mit Milosz besprechen. Ach, Milosz.

Milosz? Oh Gott. Milosz!

> *Vergebens, dass Ihr ringsum wissenschaftlich schweift,*
> *Ein jeder lernt nur, was er lernen kann;*
> *Doch, der den Augenblick ergreift,*
> *Das ist der rechte Mann.*

♀

Besonderer Dank geht an Rudolf Porsch, Lena Obschinsky und Judith Luig. Für Freiraum und Unterstützung sei insbesondere den Chefredaktionen sowie meiner Ressortleitung bei der *Berliner Morgenpost, Welt* und *Welt am Sonntag* gedankt.

♂

Ich danke Philipp Mattheis für den Kontakt zum Piper Verlag und Verena Sich für die schreibfördernde Ausgestaltung der Referendarwahlstation. Außerdem danke ich Betty von Wahrhaft Nahrhaft für die göttlichen Bagels, Selda für die neue Kaffeesorte und Ali Baba vom Boxi Kiosk dafür, dass er extra für mich Zigaretten aus der Schweiz importieren lässt.

♀ + ♂

Abschließend gilt unser gemeinsamer Dank unseren Familien und Freunden, allen Teilnehmern sowie unseren beiden Lektorinnen Angela Gsell und Anne Wiedemeyer.

Berlin, im Sommer 2012
Alexandra Kilian & Milosz Matuschek

Malte Welding

Frauen und Männer passen nicht zusammen – auch nicht in der Mitte

Warum die Liebe trotzdem glücklich macht. 368 Seiten. Piper Taschenbuch

Malte Welding schaut den Liebeskranken in die Betten, die Köpfe und die Herzen und stellt die Frage: Ist die Liebe noch zu retten – sind wir noch zu retten? Thomas ist ein notorischer Aufreißer, der sich heimlich nach der großen Liebe sehnt, Katharina kauft öfter Schuhe als sie mit ihrem Freund schläft und Kurt trennt sich von Johanna, weil sie mehr verdient als er. Scharfzüngig und mit viel Gespür fürs Allzumenschliche ergründet er die Liebesfallen der Nullerjahre. Lustfördernde Heilmittel für alle Formen der Bindungsangst garantiert.

Denn irgendwie passen sie doch zusammen – vor allem in der Mitte.

»Wahr und witzig!«
Jolie

Andreas Lehmann

Heiraten ist gut gegen Depressionen

… und was amerikanische Wissenschaftler sonst noch herausgefunden haben. 176 Seiten. Piper Taschenbuch

Endlich, die gesammelten Erkenntnisse der so oft zitierten »Amerikanischen Wissenschaftler«. Absolut wahr und höchst amüsant erklärt dieses Buch, warum schöne Menschen öfter Mädchen bekommen, Schokolade gegen Schmerzen hilft oder Ehen an nicht ausgewechselten Klopapierrollen scheitern können.

Außerdem haben amerikanische Wissenschaftler über amerikanische Wissenschaftler herausgefunden, dass sie für alles eine Erklärung haben. Wirklich, für gar alles.

Florian Bredl

Kunden aus der Hölle

Irrsinniges aus der Service-Welt.
160 Seiten. Piper Taschenbuch

Unfreundlich, unverschämt, nervig, dumm oder schlicht verrückt? Jeder Verkäufer, Berater und Callcentertelefonist kennt sie: Kunden aus der Hölle. Ihre Mission: unnütze Arbeit verursachen, Zeit stehlen, Nerven rauben. Ihre Methoden: Zermürbung, Verwirrung, Fragefolter. Das einzige Gegenmittel: Lachen. Das erste Buch, das den Irrsinn der Service-Welt aus der Sicht der Leidtragenden schildert.

Bastian Bielendorfer

Lehrerkind

Lebenslänglich Pausenhof.
304 Seiten. Piper Taschenbuch

Was wird aus einem Menschen, wenn Mama und Papa Lehrer an der eigenen Schule sind – und somit an jedem Tag im Jahr Elternsprechtag ist, die Mitschüler einen zum Daueropfer ernennen und es bei den Bundesjugendspielen nicht einmal für eine Teilnehmerurkunde reicht? Genau: Er wird selbst Lehrer! Mit gnadenloser Selbstironie schildert Bastian Bielendorfer, wie er der pädagogischen Sippenhaft zu entrinnen versucht, und verrät dabei, welch zarte Seele sich unter so manchem grob gehäkelten Mathelehrerpullunder verbirgt.

05/2697/01/L   05/2698/01/R

Willy Astor

Unverrichter der Dinge

Humor direkt vom Erzeuger.
Vorwort von Dieter Hildebrandt.
160 Seiten mit zahlreichen
Abbildungen. Piper Taschenbuch

»Mein erstes Buch hatte noch gar keine Seiten, das war ein Leerbuch, mein zweites hielt ich an der Kasse schon in der Handke, und dann flüsterte mir mein Gewissen zu: Kafka Buch! Klau's Mann!« Der sympathische Münchner und seine feinhumorige Lektüre: Willy Astor, der Sänger, Musiker, Comedian und famose Wortspieler, zeigt in diesem Buch sein ganzes Können. Eine wunderbare Mischung von Geschichten, Gedichten und Zeichnungen. Willy Astor in Bestform!

»Nachdem ich dieses Buch verschlungen habe, kann ich keine Zeitung und kein Buch mehr normal lesen.«
Emil Steinberger

Paulus Vennebusch

Giganten der Zärtlichkeit

Die unglaubliche Geschichte von
»Die Papi's«. 272 Seiten.
Piper Taschenbuch

Jürgen Schober und Manfred Trenk sind »Die Papi's« – und der lebende Beweis dafür, dass Begabung keine zwingende Voraussetzung für Erfolg ist: Mit viel Naivität, Glück und vom Spott aller objektiven Beobachter begleitet, werden die beiden zu Deutschlands erfolgreichstem Musik-Duo – und das mit haarsträubenden Titeln wie »Ein Stück weit geil«, »Null zu Eins für die Liebe« und »Sandro, der Junge mit den grünen Sandalen«! Auf ihrem Weg nach oben (und auch auf dem Rückweg) lassen sie kaum eine Peinlichkeit aus: eine vollkommen neue Qualität des Fremdschämens!

»Wer von Paulus Vennebusch einen seiner intelligenten, aberwitzigen und hochkomischen Sketche geschrieben bekam, konnte sich glücklich schätzen. Ebenso, wie jetzt die Leserinnen und Leser dieses Buches.«
Olli Dittrich
www.die-papis.de

05/2618/01/L

05/2627/02/R